AF385402

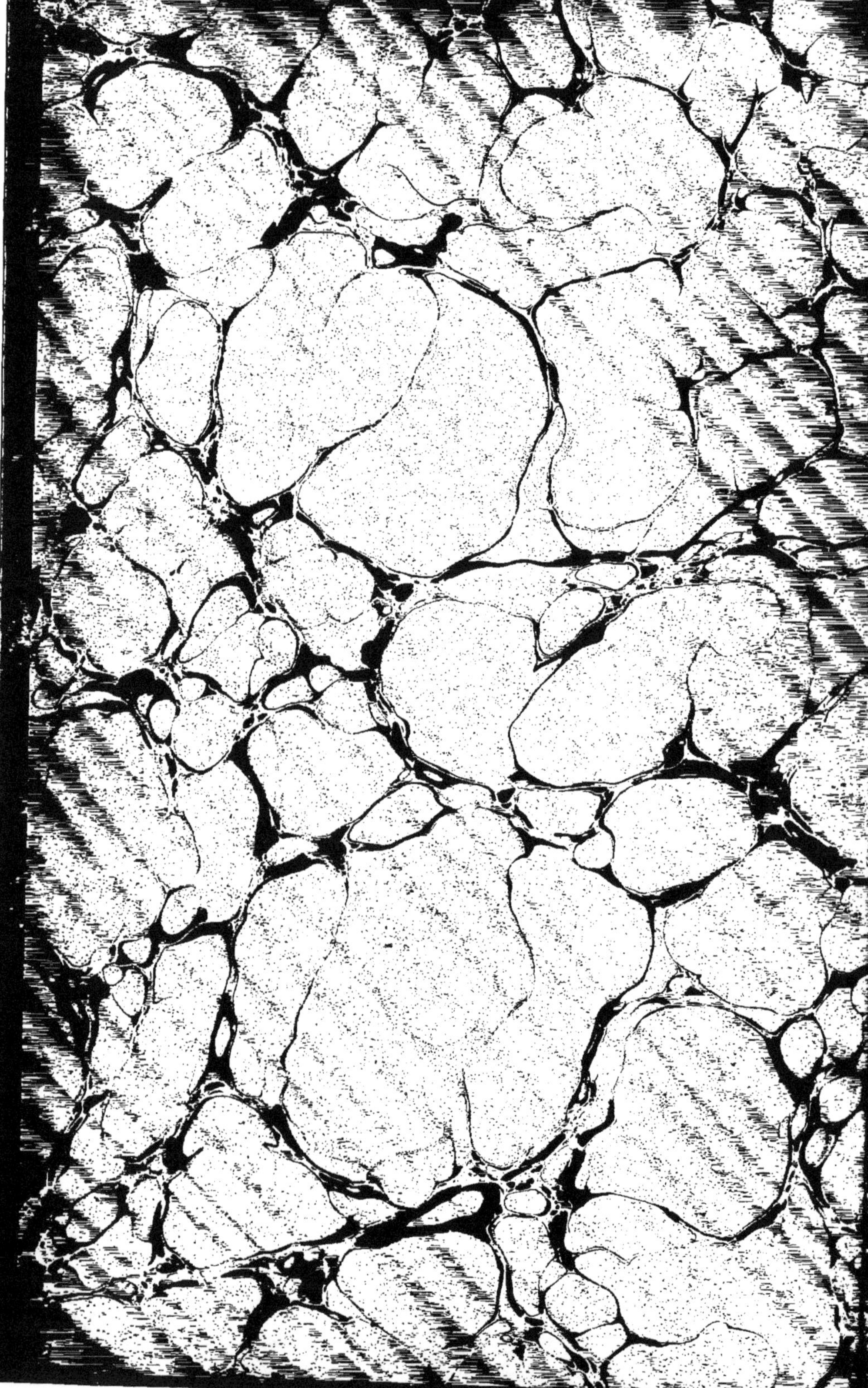

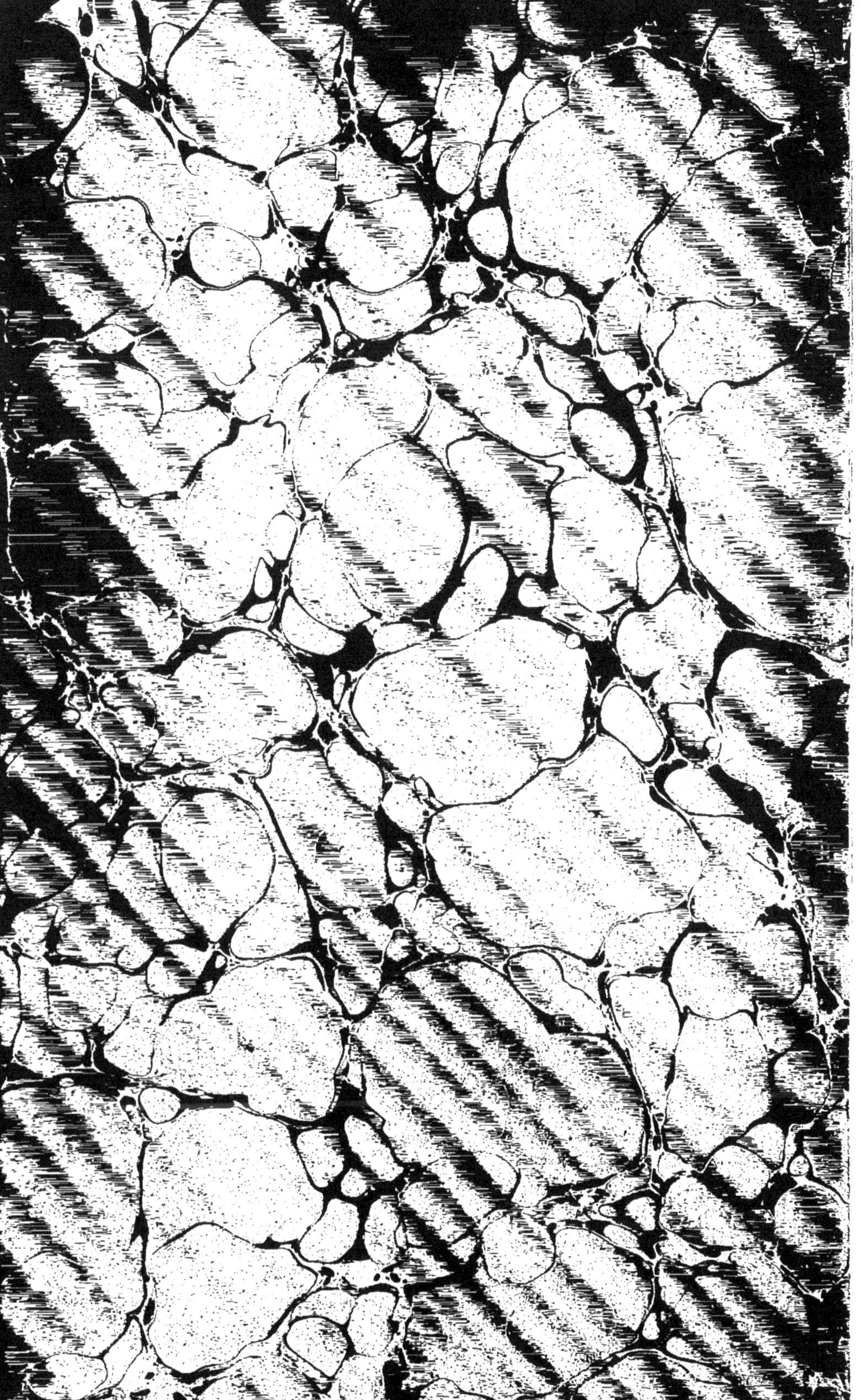

# TRAITÉ PRATIQUE

## DE LA

# GRAVURE A L'EAU-FORTE

# BIBLIOTHÈQUE

## D'ENSEIGNEMENT PRATIQUE DES BEAUX-ARTS

PAR

### KARL ROBERT (M. Georges MEUSNIER)

EXPERT AUPRÈS DES TRIBUNAUX DU DÉPARTEMENT DE LA SEINE
OFFICIER DE L'INSTRUCTION PUBLIQUE

---

## DIX OUVRAGES ACTUELLEMENT EN VENTE

(Voir le détail à la fin de ce volume.)

---

## OUVRAGES ILLUSTRÉS A 6 FRANCS LE VOLUME

1° *L'Aquarelle* (figure, portrait, genre).
2° *L'Aquarelle* (paysage).
3° *La Peinture à l'huile* (figure, portrait, genre).
4° *La Peinture à l'huile* (paysage).
5° *Le Fusain sans maître* (19e édition).
6° *Le Pastel* (figure, portrait, genre, paysage, nature morte).
7° *Le Modelage et la Sculpture.*
8° *La Photographie*, aide du paysagiste ou photographie des peintres.
9° *L'Enluminure des Livres d'Heures.*
10° *La Gravure à l'eau-forte.*

### EN PRÉPARATION :

11° *La Céramique et la Barbottine.*
12° *Traité des divers travaux d'art*, à l'usage des gens du monde, éventails et écrans, vernis Martin, tapisseries et peintures sur étoffes, miniatures, etc.

---

MACON, PROTAT FRÈRES, IMPRIMEURS

J.-L.-E. MEISSONIER

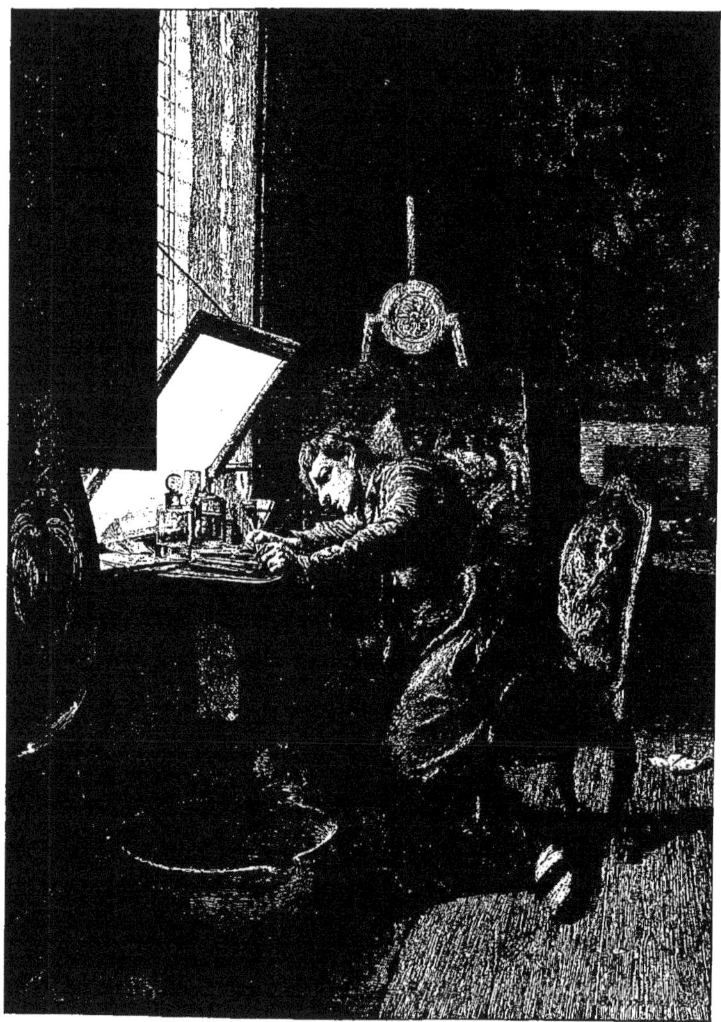

Le Graveur a l'eau-forte

# KARL ROBERT

# TRAITÉ PRATIQUE

## DE LA

# GRAVURE A L'EAU-FORTE

## (PAYSAGE ET FIGURE)

**PRIX : 6 FRANCS**

PARIS

HENRI LAURENS, ÉDITEUR

6, RUE DE TOURNON, 6

1891

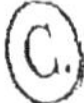

A MON MAITRE

# Alexandre MONGIN

VICE-PRÉSIDENT
DE LA SOCIÉTÉ DES AQUAFORTISTES FRANÇAIS


*Son très dévoué,*

KARL ROBERT

# TRAITÉ PRATIQUE

## DE LA

# GRAVURE A L'EAU-FORTE

## CHAPITRE I<sup>er</sup>

## CARACTÈRE DE LA GRAVURE A L'EAU-FORTE

Sur une planche de cuivre rouge parfaitement aplanie, et recouverte d'une mince couche de vernis, le graveur à l'eau-forte trace, à l'aide d'une pointe sur ce vernis, un dessin formé par une série de traits creux qui découvrent le métal, puis il soumet la planche, soit par immersion, soit par couverture, à l'action de l'eau-forte ou acide nitrique. L'acide, pénétrant dans les sillons tracés par la pointe sur le vernis, ronge le cuivre et forme ainsi une gravure en creux dont on obtient l'image renversée par une impression dite de taille douce.

Tel est le principe rudimentaire de l'opération pratique de la gravure à l'eau-forte. Mais on conçoit aisément qu'une gravure ainsi obtenue, et la pointe ayant enlevé la couche de vernis d'une façon régulière, sans entamer le métal, présenterait une image plate et sans relief, l'acide donnant une morsure égale partout, à l'instar des nielles et gravures d'armurerie, si l'artiste ne prenait soin de multiplier les morsures en modifiant la force de l'acide, et en recouvrant à nouveau d'un vernis certaines parties suffisamment atteintes, afin d'obtenir différentes profondeurs qui lui donneront, à l'épreuve, l'effet et le relief.

On voit, par ce que nous venons de dire, combien les opérations matérielles de cet art sont simples et laissent peu de place au métier proprement dit, lequel s'apprend très vite, de telle sorte que le travail du graveur à l'eau-forte est, avant tout, un ouvrage de l'esprit où l'artiste peut atteindre le premier rang, où l'amateur, si modeste qu'il soit, fait œuvre d'art, quelque imparfaite qu'elle puisse paraître au début.

Puis, n'est-ce pas un grand charme, pour l'amateur aussi bien que pour l'artiste, de pouvoir communiquer à tous sa pensée traduite en une œuvre qu'il peut répandre à profusion sans qu'elle cesse d'être l'œuvre originale? C'est là un résultat que seule la gravure peut donner, car en tous les autres arts, la reproduction est imparfaite ou sans valeur.

Mais pour entreprendre l'eau-forte, deux choses sont essentielles : être artiste, savoir dessiner. Qu'est-ce donc qu'être artiste? C'est sentir vivement les impressions de la nature, c'est éprouver le besoin de créer ou d'interpréter en un art quelconque, mais différent, et qui devient ainsi personnel, l'œuvre d'un maître; être artiste, c'est ressentir l'émotion d'une façon si vive qu'elle ait pu échapper aux autres hommes avant qu'on la leur ait communiquée : et ce sont bien là les qualités requises de qui veut se livrer à la gravure à l'eau-forte. Aussi l'a-t-on nommée gravure des peintres, pour bien exprimer que, comme en peinture, l'artiste y imprime son cachet et sa personnalité, alors que l'art du graveur au burin fait, pour ainsi dire, abnégation de lui-même pour se plier aux exigences du rendu de l'œuvre qu'il interprète.

Sans vouloir entrer ici dans aucun détail sur la gravure au burin, disons cependant qu'enserrée dans les traditions où les maîtres l'ont confinée, y ayant atteint la perfection, elle ne peut entrer en lutte avec la gravure à l'eau-forte, à moins de se mêler à elle en lui faisant des emprunts considérables, et ne peut, par conséquent, que bien rarement nous faire aimer l'artiste à travers son œuvre.

Soyez donc artiste, dirons-nous à l'amateur, comme Corot avait coutume de dire : « Soyez sincère. » Mais, me direz-vous, on naît artiste, on ne le devient point ! Erreur, grande erreur ! Tout est relatif et l'on peut devenir artiste par une étude intelligente et raisonnée de la nature et des maîtres ; et, à moins que vous ne soyez absolument rebelle aux choses d'art, ce n'est point le cas puisque vous ouvrez ce livre, j'affirme que votre première préoccupation, avant d'acheter un cuivre et de placer devant votre fenêtre le châssis de l'aquafortiste, devra être une étude sérieuse et raisonnée de l'esthétique du graveur à l'eau-forte.

Par l'étude des maîtres et de la nature, que vous traduirez en simples croquis au crayon ou à la plume, par des notes manuscrites au besoin, vous exprimerez l'impression ressentie, l'esprit de la forme plus que la forme elle-même, que vous devez posséder et rendre au premier coup, grâce aux études antérieures de dessin.

On l'a dit avec raison, l'eau-forte est essentiellement improvisatrice : aussi l'artiste doit-il y acquérir une sûreté de main qui lui permette de rendre sa pensée sans hésitation ni repentir, en ce qui concerne la direction de sa pointe, une prescience, un coup d'œil sûr à suivre le travail de la morsure, à en calculer tous les effets. Cette expérience est longue à acquérir, sans doute, mais le commençant ne doit point se rebuter, tant le résultat final lui donne de compensation, ajoutant sans cesse au charme de la vie par la production d'œuvres qui demeurent après nous et passent de main en main, répandant ainsi, comme le livre, les efforts de notre imagination.

Donc, vos études commenceront par quelques semaines passées dans nos musées et nos bibliothèques, où vous observerez plus particulièrement les maîtres de la Hollande, à la touche fine et spirituelle, dont le génie a su tirer de la nature des scènes ou des expressions inattendues, soit dans le paysage, avec Hobbéma, Ruysdaël, Wynants, Van de Velde, Canaletti, Claude Lorrain et notre immortel Corot; soit dans la peinture de genre, avec Ostade et Teniers, Jean Steen et tant d'autres; soit enfin dans le portrait, avec Rembrandt, Rubens, Van Dyck, Tiepolo, Franz Hals et Van der Helst. Vous y apprendrez tout d'abord à reconnaître le génie de conception de ces maîtres inimitables, et lorsqu'ensuite vous étudierez leurs interprètes à l'eau-forte, ou leurs propres œuvres en cet art, comme chez Rembrandt et Tiepolo, vous apprécierez combien la pensée préside à l'exécution et guide la main de l'aquafortiste, comme elle est sœur de celle du peintre, et vous vous rendrez un compte exact de cette définition que nous donnions plus haut : l'eau-forte est la gravure des peintres.

Pour les mêmes motifs, vous devez rechercher en l'un et

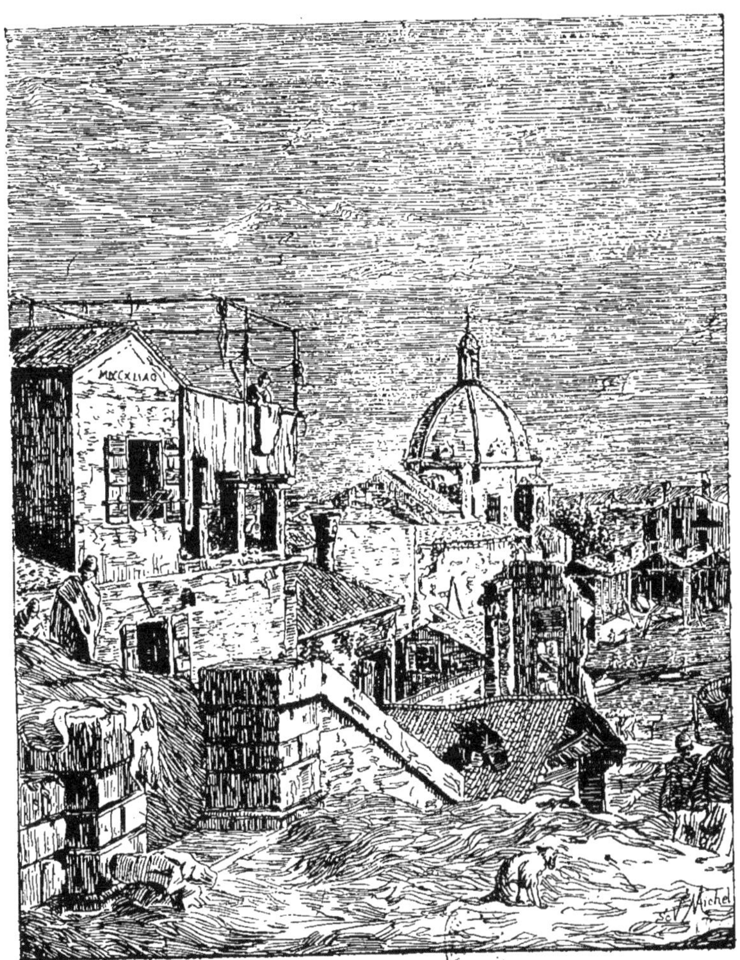

Un Coin de Venise.

*Reproduction d'une eau-forte originale du Maître.*

l'autre art, dans les œuvres de l'italien Canaletti et de notre Claude Lorrain, dans celles de P. Potter et de Callot, le génie propre de chacun d'eux.

Vous reconnaîtrez en ces observations combien l'esthétique du graveur à l'eau-forte est spéciale, libre, indépendante. Ici nulle contrainte, nulle attache au beau classique et reconnu, l'idéal est individuel, et, plus qu'en tout autre art, c'est le génie du maître que nous aimons dans son œuvre, quelque sujet qu'il lui plaise d'aborder, que ce sujet soit pris dans le rêve d'une légende religieuse ou qu'il nous montre une scène réaliste prise en un faubourg de Harlem, c'est toujours sa finesse d'observation, sa puissance d'effet et de rendu à l'aide de ce trait de pointe d'autant plus énergique qu'il sera simple et juste, et qu'il laissera au spectateur sa part d'interprétation personnelle dans une œuvre où tout cependant lui est indiqué, mais par des traits qui semblent indéfinis.

Ce qu'il y a de merveilleux dans l'eau-forte, c'est cette conception primesautière qui enserre en si peu de traits, j'allais dire en si peu de mots, une pensée vibrante et forte, fermement et largement exprimée, qui laisse un vaste champ aux rêveries du spectateur, ainsi qu'un monument dont on ne nous montrerait que les grandes lignes, un tableau dont nous aurions l'esquisse sous les yeux et que nous nous plaisons à habiller nous-mêmes de toutes les perfections qui n'y paraissent qu'indiquées.

Que dire des graveurs du xviiiᵉ siècle dont la pointe a si bien rendu l'esprit du temps et dont la finesse d'observation est traduite par la finesse même du trait, et qui ont poussé si loin les procédés de la gravure à l'eau-forte, qu'ils l'ont adaptée même à la reproduction de ces pièces en couleur si rares et si recherchées aujourd'hui!

« Parler des desssins de G. de Saint-Aubin, dit de Goncourt, c'est faire l'éloge de la moitié de son talent, aussi faut-il parler de ses eaux-fortes, de ces planches charmeresses qui font du petit maître du xviii<sup>e</sup> siècle le seul, l'unique aquafortiste français.

« Ce que nous avons dit de ses dessins dit assez que le dessinateur était né pour l'eau-forte. L'eau-forte est l'œuvre du démon et de la retouche. Le primesaut, le premier coup, la vivacité, le diable au corps de la verve et de la main, il faut avoir toutes ces grâces, être plein du Dieu..... et de patience. Gabriel était l'homme de ce procédé libre, courant, volant, rempli de caprice et d'imprévu, avec sa cuisine empoignante, avec ses mystères de chimie, avec les surprises ou les déceptions de la morsure, avec les dégoûts et les reprises de goût pour une planche qu'on jette et qu'on reprend dix fois. Il se jeta au cuivre, et se trouva aussitôt une pointe à lui, allante et venante, et toute fourmillante d'amusants travaux, brouillée parfois, mais se retrouvant toujours et presque insolente de furia et de brio dans des égratignures fines comme des cheveux, douces comme des rayures de pointes sèches et, toute menue même qu'elle est, elle griffe, quand elle veut, profondément le cuivre et pousse aux noirs de Rembrandt sans aucun souci de la propreté et du brillant de la gravure de commerce. »

Je cite ici ce passage bien qu'il appartienne plutôt à notre résumé historique, parce qu'il contient implicitement la définition la plus vive et la plus pittoresque de la gravure à l'eau-forte, et qu'il montre bien l'esprit dont doit être animé tout amateur qui veut progresser en cet art.

Aujourd'hui, d'ailleurs, comme le disait déjà W. Burgers il y a quelques années, la conquête est faite. L'eau-forte presque abandonnée depuis le xviii<sup>e</sup> siècle est redevenue une des expressions de l'art français, grâce à l'impulsion considérable que lui a donnée la Société des Aquafortistes français, et si l'on songe à quel degré de perfection l'ont portée les Chauvel, les Waltner, les Bracquemond, les Flameng, les Gaucherel et tant d'autres (il faudrait citer tous les membres de la Société).

On se demande vraiment s'il est bien nécessaire de remonter aussi loin pour chercher des enseignements qui sont si près de nous, si pleins de notre siècle qui ne le cède en rien à ceux qui l'ont précédé, tant nos artistes ont reculé les limites d'un art qu'ils ont fait revivre à force d'esprit et de talent.

Aussi dirai-je une dernière fois à l'amateur et au jeune artiste : étudiez les maîtres anciens pour vous former un fond de savoir, mais aussi et surtout, suivez nos expositions pour y observer les maîtres modernes parmi lesquels vous vivez : prenez d'eux les meilleurs conseils, c'est là que votre jugement et votre goût se formeront plus sûrement encore, que vos idées s'éclairciront et qu'enfin naîtra votre personnalité, faisant de vous un artiste bien de votre temps et de votre époque, apportant la modeste pierre à l'édifice social du XIX<sup>e</sup> siècle.

## CHAPITRE II

—

# PRÉCIS HISTORIQUE

### DE LA GRAVURE EN TAILLE-DOUCE

#### BURIN ET EAU-FORTE

—

Nous avons déjà eu l'occasion, dans un précédent ouvrage, de rendre hommage aux éminents collaborateurs du grand Dictionnaire universel du xix° siècle : l'article qui concerne l'histoire de la gravure, puisé lui-même aux documents fournis par les ouvrages de MM. Delaborde et Duplessis, est à ce point complet que nous ne pouvons que le transcrire ici, parce qu'il forme un précis historique très net et qu'en outre il contient des documents de nature à éveiller l'esprit du chercheur.

Prendre l'empreinte d'un dessin exécuté en creux, en le couvrant d'un liquide coloré et en le soumettant ensuite à une pression, tel est le procédé de toute gravure, procédé si simple et si naturel qu'on a lieu de s'étonner qu'il n'ait pas été imaginé par les anciens. Et il y a d'autant plus lieu d'en être surpris, que les anciens pratiquaient la gravure en creux des pierres fines. On pourrait tirer des empreintes avec certains cachets romains et certains scarabées égyptiens.

Cependant cette chose si simple n'a été devinée que dans les temps modernes, par Maso Finiguerra, orfèvre florentin, contemporain de Cosme de Médicis, s'il faut en croire la tradition.

On employait beaucoup au xvᵉ siècle les nielles pour les ornements des calices, des paix, des reliquaires, des poignées d'épée et des petites plaques d'or ou d'argent qu'on incrustait sur les coffrets d'ébène. Maso Finiguerra, comme, du reste, tous les autres orfèvres, avait l'habitude de prendre l'empreinte de ses dessins, avant qu'ils fussent niellés, au moyen du soufre fondu. Or, il prit un jour l'empreinte d'une paix dont les tailles étaient en partie remplies de noir, et, lorsqu'il voulut juger de l'effet de son dessin, il remarqua que le noir ayant adhéré au soufre, celui-ci ressemblait, dans certaines parties, à un dessin à la plume. Cette remarque faite, l'idée se présenta aussitôt à son esprit qu'en remplissant les tailles de ses dessins avec une couleur quelconque, et en appliquant ensuite dessus un vélin, sur le verso duquel il exercerait une pression, à la place de l'empreinte en relief du soufre, il pourrait obtenir un dessin au trait sur le papier. Maso Finiguerra se mit aussitôt à l'œuvre. Tout d'abord, les épreuves furent peu satisfaisantes ; enfin, après de longs tâtonnements, il découvrit que le noir broyé avec de l'huile prenait on ne peut mieux sur du papier légèrement humecté, et il parvint, par ce procédé à produire des estampes ayant toute la pureté du burin. Le procédé de Finiguerra fut employé par d'autres orfèvres, au nombre desquels nous citerons Baldini, Botticelli et Pollajuolo, dont quelques estampes sont parvenues jusqu'à nous. Le Cabinet des estampes du musée du Louvre possède de Maso Finiguerra l'épreuve sur papier d'une paix représentant le couronnement de la Vierge, et datée de 1452, épreuve bien antérieure à toutes les autres. Qui compléta l'invention ? Ni Bosse, ni Félibien, ni Cochin, ni Ponce, ni Watelet-Lévesque n'en disent rien. Seulement, comme quelques auteurs plus anciens, entre autres Vasari, qui écrivait en 1550 ses *Vies des peintres célèbres,* attribuent à Mantegna l'invention de la gravure au burin, ne tenant que peu ou point compte de l'im-

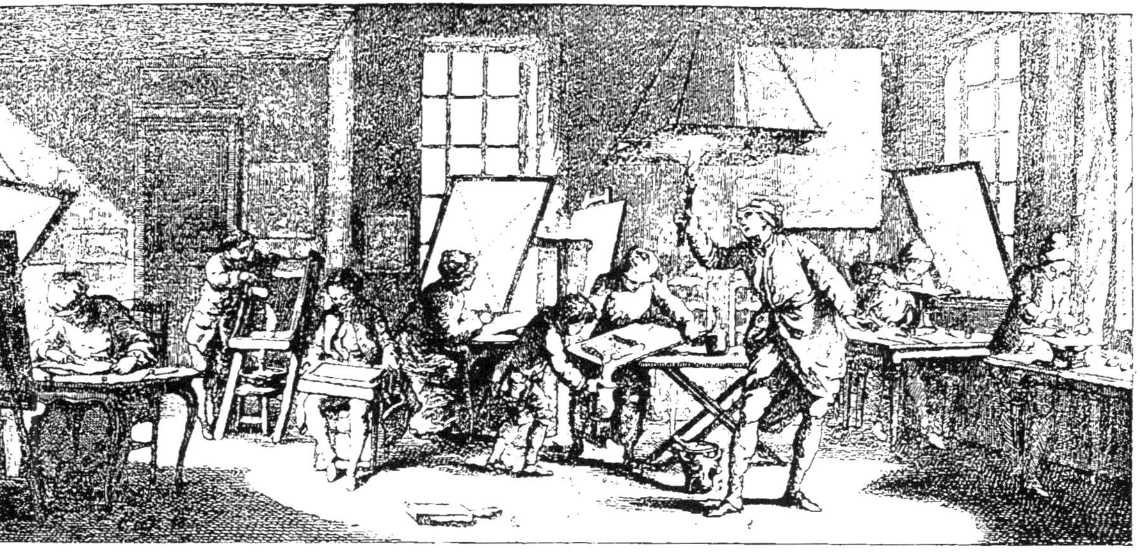

Un Atelier d'Aquafortistes au XVIII° siècle.

portante découverte de Maso Finiguerra, on peut admettre que Mantegna fit un art de ce qui n'avait été jusque-là qu'un procédé de métier, et qu'au lieu de limiter la gravure à l'impression des nielles, il l'étendit à l'imitation des œuvres d'art; qu'aux gravures au trait de ses prédécesseurs, il ajouta des tailles destinées à rendre le modelé et le clair-obscur.

Le petit nombre d'estampes que Mantegna nous a laissées atteste qu'il s'essaya longtemps avant de produire sa gravure au grand jour; mais le fini de chacune d'elles nous permet d'affirmer qu'elles ne sont pas de simples essais. Une remarque à faire, c'est que Mantegna avait vingt-deux ans quand fut tirée l'épreuve de la paix conservée au Cabinet des estampes du Louvre; or, comme il mourut en 1505, la découverte de Maso Finiguerra ne mit que peu d'années à devenir un art.

Parmi les difficultés qui durent arrêter les premiers qui essayèrent d'appliquer à la reproduction des estampes la découverte de Finiguerra, il faut, sans doute, compter le *sens* du dessin. Tracé sur une lame de métal, un calice, un reliquaire, un dessin destiné à être niellé devait se présenter dans son sens naturel, et, par conséquent, à l'impression, il venait à l'envers. Les lettres, par exemple, qui, sur l'original de la paix du Louvre, se lisaient de gauche à droite, se lisent de droite à gauche sur l'épreuve. On comprend que, sous peine de fausser complètement et l'effet d'une composition et les mouvements des personnages, il était indispensable que l'épreuve gravée se présentât dans le sens du dessin, et, par conséquent, que le métal fût disposé dans un sens contraire. On dut songer de bonne heure à faire réfléchir dans un miroir le dessin, pour le recopier tel qu'il s'y présente, c'est-à-dire renversé.

Nous avons suivi jusqu'ici la tradition italienne; elle n'est pas malheureusement la seule. Il y a aussi la tradition allemande qui fait naître la gravure au delà du Rhin. Une version allemande veut que ce soit un berger du nom de von Bocholt qui ait eu le premier l'idée de reproduire sur le papier les parties creuses d'un dessin; mais une découverte est venue démontrer jusqu'à l'évidence que ce prétendu berger était un tout petit village de Westphalie, patrie d'Israël Mecheln. Cet artiste avait l'habitude de signer ses œuvres, tantôt de son nom, tantôt du nom du lieu de sa naissance ; mais souvent il n'employait que les initiales J. V. B., dont la première est celle de son nom et les deux autres signifient *de Bocholt*. De là la méprise : avec toutes les œuvres signées J. von Bocholt, on créa un personnage imaginaire qui dut naturellement disparaître le jour où l'on découvrit une œuvre de Mecheln signée tout au long et sans initiales, c'est-à-dire : *Israël Mecheln von Bocholt*. Les Allemands ont encore une autre version : ils infèrent d'une ancienne estampe, portant la date de 1440 et représentant, outre une sibylle qui montre à Auguste l'image de la Vierge dans les airs, le château de Blassenberg et la ville de Culmbach dans le lointain, que c'est dans ce lieu qu'il faut chercher le berceau de la gravure. Si l'on réfléchit que Culmbach, petite ville de la Bavière, est la patrie de Martin Schœn, le plus ancien peintre graveur qui ait tiré des épreuves de ses ouvrages, conservées jusqu'à ce jour, la version allemande détruit en apparence la tradition italienne ; mais, avec un peu d'attention, on s'aperçoit vite qu'elle ne prouve rien contre Finiguerra ; et, en effet, l'épreuve de la paix conservée au musée du Louvre affirme d'une manière irréfutable que celui-ci avait fait sa découverte en 1452 ; et, comme rien ne prouve que la première épreuve qu'il tira n'était pas antérieure à cette date de dix, de vingt et même de trente ans, il s'ensuit que le mérite de la découverte peut être disputé à Schœn, qui, d'ailleurs, n'était âgé que de trente-deux ans en 1452. La chose est évidente, puisque Mantegna lui-même, qui avait alors vingt-deux ans, pourrait lui disputer cet honneur. De plus, l'estampe datée de 1440, représentant la sibylle, prouve qu'on s'occupait déjà à cette date de l'application de la gravure à la reproduction des estampes, ce qui est hors de doute, lorsqu'on songe que toutes les œuvres de Schœn sont supérieurement traitées. Conclurons-nous de tout cela, avec quelques auteurs, que l'invention de la gravure en taille-douce est antérieure à la fois à Finiguerra et à Martin Schœn ? On voit que la question reste absolument indécise. Ce qui reste acquis dans cette discussion, c'est que Martin Schœn et Mantegna ont fait de la gravure un art de la plus haute importance. Indiquons maintenant la pratique de cet art sous les différentes formes qu'il a revêtues. Pour cela, nous allons passer successivement en revue les différents genres de gravures sur métaux.

GRAVURE SUR MÉTAUX.

*Gravure au burin et à la pointe.* — Le métal le plus communément employé pour la gravure en général, et pour la taille-douce en particulier, est le cuivre rouge, parce que, sans être aigre, ce métal est le plus liant, le plus serré de tous les métaux ordinaires. Le cuivre rouge qui réunit le mieux ces qualités provient, en France, des fonderies de Romilly et d'Essonnes. On en tire beaucoup de Russie et de Norwège. Un graveur qui sait juger de la qualité du cuivre qu'il emploie s'épargne parfois de graves mécomptes, celui, par exemple, d'être forcé de recommencer son travail à moitié achevé. Pour que le cuivre puisse supporter le travail de la gravure, il doit subir une préparation assez longue et très minutieuse, qui est du ressort du planeur.

La planche de cuivre une fois planée, l'artiste commence par la vernir, ce qui se fait en chauffant la planche par dessous, soit au moyen d'un réchaud, soit au moyen d'un flambeau projetant une forte flamme, jusqu'à ce que le vernis soit fondu ; après quoi, on l'étend bien uniformément avec un tampon de la grosseur du poing, composé de coton cardé bien fin et enveloppé dans un double morceau de taffetas d'un tissu très serré. Il est nécessaire que le vernis, réduit à la moindre épaisseur possible, présente une surface parfaitement unie. Ce résultat obtenu, on retourne la planche et on noircit le vernis à l'aide d'un flambeau de suif, qu'on tient à 0ᵐ 10 de distance et qu'on passe rapidement d'un endroit à l'autre, de telle sorte que la même quantité de fumée couvre toutes les parties de la planche. On commence d'ordinaire par les bords, qui se refroidissent plus vite que le centre. Les vernis les plus employés sont le vernis dur, le vernis mou, le vernis de Florence, le vernis de

Rembrandt, le vernis de Callot, le vernis de Bosse, etc. On en emploie d'autres pour des usages différents, tels que le vernis à couvrir ou petit vernis, le vernis anglais, le vernis de Venise, le vernis au pinceau, etc.

Dans la gravure au burin, ces vernis servent à cacher les parties d'une planche qui présentent un travail défectueux ou à réparer un accident, une écorchure du premier vernis. Dans la gravure à l'eau-forte, on les emploie pour couvrir les parties que l'on veut préserver des morsures de l'acide ou qu'on suppose assez mordues.

Le vernis mou est employé aujourd'hui de préférence par tous les artistes. Les vernis dits de Bosse, de Rembrandt et de Callot sont autant de vernis mous.

La planche de cuivre ayant subi les préparations que nous venons d'indiquer est propre, aussitôt refroidie, à recevoir le tracé du dessin ; mais il faut qu'au préalable toutes les lignes de ce dessin soient transportées sur la surface du vernis enfumé. Ici commencent deux opérations nouvelles, dites *calque* et *décalque*.

Le calque consiste à prendre, sur du papier transparent, tous les traits du dessin qu'on veut graver, et le décalque à transporter sur le vernis le calque lui-même. Soit qu'on ait calqué au crayon ou à l'encre de Chine, c'est le côté du papier qui a reçu ce travail qui doit être directement appliqué sur le cuivre, ce qui produit le renversement du dessin. Avant d'appliquer le calque comme nous venons de le dire, il faut avoir soin de mettre entre lui et le cuivre un second papier de même grandeur, enduit de sanguine, de mine de plomb ou des deux à la fois, le côté enduit adhérant au vernis, ou d'enduire le calque lui-même des mêmes substances. Cela fait, on fixe le calque sur la planche au moyen de petites boules de cire molle, en quantité suffisante pour qu'il ne puisse pas se déranger ; ensuite, au moyen d'une pointe d'acier légèrement émoussée, on passe su  tous les traits qui, à mesure, se reproduisent sur le vernis. Les papiers à calque sont : le papier huilé, le papier à la gélatine, le papier végétal, dit aussi papier paille, le papier vernis et enfin le papier glacé, qui, à la précieuse qualité d'être d'une transparence absolue, joint l'immense avantage d'épargner le travail du décalque.

En effet, en traçant sur ce papier avec une pointe coupante, on le creuse et l'on peut ensuite, l'ayant frotté de sanguine ou de mine de plomb, qui s'introduisent dans ce trait gravé, le retourner sur le cuivre verni et obtenir une contre-épreuve parfaite, en le faisant passer sous la presse ou en le frottant légèrement avec un brunissoir.

C'est maintenant que commence le tracé. Mais, avant de dire en quoi consiste cette opération, une petite digression est nécessaire. Quoique nous n'ayons paru nous occuper jusqu'ici que de la gravure au burin, tout ce que nous venons d'exposer s'applique à toute la gravure en taille-douce sans exception.

Ceci posé, disons tout de suite que, pour graver, c'est-à-dire creuser les traits d'un dessin sur le métal, on se sert ou du burin seul ou de l'eau-forte seule, ou à la fois du burin et de l'eau-forte.

Pour la gravure au burin, on trace sur le vernis, au moyen d'une pointe d'acier très fine ; et quoique chaque trait doive mettre le cuivre à nu et laisser sur celui-ci une trace légère, non seulement le cuivre ne doit pas être entamé, mais encore le trait qui a servi à fixer le dessin dessus doit absolument disparaître dans la suite du travail. Si la gravure doit s'ébaucher par l'acide et se terminer au burin, procédé très usité et vulgairement appelé *eau-forte des graveurs*, pour la distinguer des eaux-fortes ordinaires ou eaux-fortes des peintres, le tracé prend l'allure libre qui convient à ces dernières, dans toutes les parties que l'acide termine à peu près seul, telles que les arbres, les terrasses, les chaumières, les draperies grossières. Mais, soit que l'eau-forte doive faire ou non le trait des figures, surtout des nus, la pointe doit reprendre son calme et sa légèreté, afin de ne pas plus engager le travail du burin que ne doit le faire le simple tracé. On comprend, en effet, l'importance d'un faux trait mordu par l'acide dans un genre de gravure dont l'impression ne rend que les creux. Une fois que le tracé est terminé et qu'on s'est bien assuré qu'aucun détail du décalque n'a été omis, que les contours sont bien nets, que les places des principales formes, celles des ombres et des lumières sont bien indiquées, il faut enlever le vernis en couvrant d'une légère couche d'huile d'olive la planche, que l'on fait chauffer ensuite, ce qui dissout le vernis et permet de le faire disparaître facilement avec des chiffons. Un moyen plus simple, et qui dispense de faire chauffer la planche, consiste à laver celle-ci avec de l'essence de térébenthine. Enfin, si l'on a employé le vernis dur, il faut prendre un charbon de bois de saule, le tremper dans l'eau et frotter le vernis toujours dans le même sens, en prenant bien garde qu'il ne tombe, sur la planche, du gravier ou de la poussière qui feraient des raies impossibles à enlever.

Le burin est une lame d'acier assez épaisse, carrée ou en forme de losange, mais toujours terminée en pointe et coupante d'un seul côté. Il est monté sur un manche de bois dont l'extrémité, qui doit être tenue dans la paume de la main, ressemble assez à une moitié de champignon, ce qui permet de coucher à plat l'outil sur le cuivre, selon les tailles qu'on veut faire.

Bosse cite Goltz, Lucas, Mellan, Kilian et Muller comme des burinistes de premier ordre. Goltz excellait à donner le plus grand mouvement aux tailles sans les contourner bizarrement, à animer ses têtes par des touches spirituelles et savantes, surtout à placer également bien les travaux fins et les travaux mâles, qui seuls concourent à donner le vrai caractère aux objets qu'ils représentent. La beauté d'une gravure est tout entière dans les tailles. Les artistes ne sauraient trop consulter, pour l'arrangement de celles-ci, les travaux des maîtres, dont le faire est toujours l'unique règle. Perrot a donné cependant quelques principes généraux : « Pour bien conduire les tailles, dit-il, on doit premièrement observer l'action des figures et de leurs parties avec leurs rondeurs ; comprendre bien comment elles avancent ou reculent à nos yeux, et conduire le burin suivant les hauteurs et cavités des muscles ou des plis, élargissant les tailles sur les jours, les resserrant dans les ombres et aussi à l'extrémité des contours, et en allégissant la main, de sorte que ces contours soient bien déterminés, sans cependant être tranchés durement et d'une manière désagréable à l'œil. » Ce faire est celui d'Edelinck. Sa *Madeleine pénitente*, sa *Sainte Famille*, d'après Raphaël, et ses portraits de Lebrun, de Champagne, de Rigaud, etc., sont autant de modèles à consulter. M. Lévesque a aussi donné d'excellents conseils à propos des tailles. Une étude approfondie des anciennes estampes l'a conduit à formuler la théorie suivante[1] : « La taille principale doit être tracée dans le sens du muscle, si ce sont des chairs que l'on grave ; suivre la marche des plis, si ce sont des draperies ; être horizontale, inclinée, perpendiculaire, suivant les différentes inégalités du terrain, si l'on a des terrains à graver. Il conseille la taille perpendiculaire de préférence à la taille concave dans les colonnes ; il croit que lorsqu'un pli est long et étroit, la taille principale doit suivre la longueur du pli, en se resserrant à son origine ; qu'elle doit tendre à la perpendiculaire dans les plis tombants, et suivre la largeur dans ceux qui sont amples. » Les estampes d'Augustin Carrache, entre autres son *Saint Jérôme*, sont, dit M. Lévesque, d'excellents modèles pour l'art d'établir les premiers travaux des chairs.

Avant de passer à un autre genre de gravure, disons que ce n'est pas au caprice de décider du genre à choisir. La manière libre d'un grand tableau d'histoire impose au graveur l'emploi de la pointe et lui prescrit l'ébauche à l'eau-forte. La manière finie, détaillée des tableaux de chevalets fait donner la préférence au burin, surtout si l'on y trouve des étoffes de soie, des métaux, des eaux, etc. Le burin est aussi préférable pour le portrait, malgré l'exemple de beaux portraits gravés à l'eau-forte. Bref, cet outil, dont la marche est plus lente, permet mieux de rendre les détails.

M. Lévesque conseille, pour le portrait, l'emploi exclusif du burin, et cite pour exemple les travaux de Bolswert, de Worstermann, de Pontius, de Jode, de Hondius, autant d'artistes qui ont gravé, par ce procédé unique, les plus beaux portraits de Van Dyck. Enfin, comme la gravure ne doit pas se contenter de reproduire fidèlement les contours tracés dans un tableau, comme elle doit surtout reproduire la couleur du maître, le vrai graveur ne doit pas se permettre d'être exclusif dans sa manière. Tel maître, telle gravure. Raphaël ne doit pas être rendu comme Michel-Ange, Rubens comme le Carrache, Lanfranc comme Pietro de Cortone, Rembrandt comme Titien ; car une estampe doit rendre avant tout le dessin, l'esprit

1. *Dictionnaire des Arts*, Paris, 1792.

et le faire du peintre. « Rubens, par exemple, dit M. Lévesque, qui faisait graver ses tableaux par ses élèves, sous ses yeux, ne leur enseignait pas seulement à rendre les dégradations de l'ombre au clair ; mais il leur faisait faire la plus grande attention à cette partie du clair-obscur qui lui était si familière, par laquelle les couleurs propres aident à étendre la masse des lumières et des ombres, parce que certaines couleurs, par leur éclat, tiennent de la nature de la lumière, et d'autres tiennent de la nature de l'ombre par leur obscurité. Ainsi, dans les estampes de ces graveurs, tout ce qui est obscur, tout ce qui est clair n'est pas toujours de l'ombre ou de la lumière, mais fort souvent la valeur de la couleur propre des objets représentés. C'est pourquoi leurs estampes sont des tableaux, tant ils ont conservé la valeur des couleurs employées. » Aux Bolswert, aux Worstermann, aux Pontius, aux Jode, qui ont rendu au burin seul les chefs-d'œuvre de Rubens et d'Augustin Carrache, il faut joindre Edelinck et Rouller qui ont multiplié avec tant de succès les chefs-d'œuvre des plus grands maîtres de France et d'Italie.

Rappelons la belle estampe de Rouller, les *Maries au tombeau*, d'après Annibal Carrache. Citons pareillement : de Worstermann, élève de Rubens, l'*Adoration des Rois*, d'après ce maître ; de Jode, le *Saint Augustin*, d'après Van Dyck ; de Pontius, *Thomyris faisant plonger la tête de Cyrus dans un vase plein de sang*, d'après Rubens ; de Bolswert, le *Crucifix*, d'après Van Dyck, et la *Mort d'Argus*, d'après Jordaens ; enfin, de Hondius, le portrait de *François Franck*, l'un des plus beaux portraits d'après Van Dyck qui aient jamais été gravés.

La gravure à l'eau-forte fut découverte à la fin du xvᵉ siècle par Wenceslas d'Olmutz, croit-on. Nous avons dit qu'il y en avait de deux sortes, celle des peintres et celle des graveurs. La première, qui se fait uniquement de sentiment, et qui a surtout pour but de rendre des sujets à effet, est produite par le seul emploi de la pointe maniée sur le vernis d'une planche, comme on fait d'un crayon sur le papier. Cette gravure n'a ni règles ni méthode ; entièrement soumise au goût, au caprice de celui qui l'exécute, elle est aussi variée dans ses moyens que dans ses résultats. Le tracé du dessin est fait sur une planche de cuivre vernie, avec la pointe, morceau d'acier bien trempé, rond ou carré, emmanchant dans un brin de jonc, et dont le bout traçant est plus ou moins fin, suivant le genre de travail qu'on veut obtenir. On borde ensuite la planche avec de la cire à modeler, de telle sorte qu'elle puisse conserver un liquide répandu dessus à la hauteur de 2 ou 3 centimètres, puis on y verse l'eau-forte (acide nitrique), ou tout autre mordant; la morsure faite, la planche est lavée à l'eau ordinaire et dévernie.

L'eau-forte des graveurs n'est, le plus communément, qu'un travail préparatoire qui doit être terminé au burin sur le cuivre nu, ainsi que nous l'avons déjà indiqué. Rarement les graveurs finissent un sujet par l'eau-forte, quoique, cependant, la chose soit possible, en soumettant à plusieurs reprises la planche à l'action du mordant. Lorsque la planche est vernie et le dessin décalqué, on fait le tracé, on recouvre avec un vernis à couvrir les parties qu'on ne veut pas soumettre à l'acide, on borde la planche avec de la cire à modeler et on fait mordre. Lorsque le travail de la morsure est arrivé au point qu'on désire, on dévernit la planche et l'on reprend le burin pour terminer.

Tels sont les procédés de la gravure à l'eau-forte et au burin. S'il est vrai que ce genre de travail lutte difficilement avec la peinture dans différentes parties, il en est aussi d'autres où il triomphe. Que l'on consulte, par exemple, les travaux de Masson et de Drevet, et l'on reconnaîtra que le pinceau ne saurait rendre aussi bien que le burin les cheveux, la barbe, les pelages et les plumes des divers animaux. Nous citerons, à ce propos, de Masson, son portrait de *Brisacier* et son estampe si connue sous la dénomination de la *Belle nappe*; de Drevet, les deux célèbres portraits de *Bossuet* et de *Samuel Bernard*. Impossible au pinceau de pousser aussi loin l'imitation de la nature que l'a fait Drevet en rendant, avec le burin, la dentelle et l'hermine de ces deux portraits. Chacun sait que la pointe de notre Gérard Audran, le premier graveur dans le genre de l'histoire, dessinait mieux que le crayon des artistes qu'il traduisait; il peignait avec la pointe et le burin; ces deux instruments acquéraient sous sa main toute la facilité de la brosse. La belle gravure de Prévost, que tout le monde connaît, donne aux *Moissonneurs* de Léopold Robert la transparence et la douceur de ton qui font défaut à la composition originale. Ajoutons quelques noms illustres à ceux que nous avons déjà cités.

Berghem se distingua dans le paysage ; ses ouvrages peuvent servir de modèles pour la gravure des animaux. D'Abraham Bosse, on estime ses *Cérémonies du mariage de Louis XIV*. Callot, dans ses compositions si pleines d'esprit, se distingue par la fermeté des touches. Il faudrait tout citer de ce maître : la *Tentation de saint Antoine*, la *Grande rue de Nancy*, ses *Foires*, ses *Supplices*, ses *Misères de la Guerre*, la *Grande* et la *petite Passion*, les *Bohémiens*, le *Parterre*, l'*Eventail*, etc., etc. Les trois Carrache, surtout Annibal, ont laissé des estampes précieuses pour les artistes. Desplaces a fait un *Saint Bruno en prière*, qui est un superbe morceau d'étude. Albert Dürer, voisin du berceau de l'art de la gravure, en a pourtant tellement avancé les progrès que, dans certaines parties, il ne saurait être surpassé. Ne rappelons que son *Saint Jérôme*. Le Bas est le premier, après Rembrandt, qui ait fait usage de la pointe sèche. Claude Gelée, dit *le Lorrain*, a gravé avec la même puissance d'effet qu'il avait mise dans ses tableaux. Mellan est célèbre par sa manière de rendre les formes et le clair-obscur par un seul rang de tailles renflées ou diminuées, selon que le ton l'exigeait. Sa *Sainte Face*, gravée d'une seule taille tournante, qui commence au bout du nez, est un tour de force qu'on ne cesse d'admirer. Mitelli, qui, le premier, a publié en recueil les œuvres d'un maître dans sa *Galerie d'Enée*, d'après Annibal Carrache, est célèbre par l'estampe de la *Nuit* du Corrège. Nanteuil est cité surtout pour deux chefs-d'œuvre, les portraits de M. *de Pomponne* et du petit *Millard*. De Rembrandt, il suffit de citer la *Descente de croix* et le *Banquier de Wienbogard*. Salvator Rosa a gravé des têtes pleines de vie. Schœn a produit un chef-d'œuvre, la *Mort de la Vierge*. Enfin, parmi les contemporains, citons Henriquel-Dupont, Prud'homme, Prévost, Reynolds, Calamatta, Martinet, François, Mercurey, Girardet, Jacques, Desclos, Flameng, Daubigny, etc.

Pour n'être pas de l'art proprement dit, la gravure qui s'applique à la géographie et à la topographie ne saurait être passée sous silence, eu égard aux services qu'elle rend. Cette gravure se pratique ordinairement sur laiton. On prépare la planche, et on fait le décalque et le tracé absolument comme pour la gravure au burin. On fait à l'eau-forte les sinuosités des côtes et des rivières, l'indication des marais, l'ébauche des masses de rochers. Le burin est préféré pour les routes, les canaux, les eaux des lacs et des rivières, les fortifications, les massifs de maisons. Enfin, on coupe à la pointe sèche tout ce qui peut être tracé à l'aide d'une règle et aussi les eaux des étangs, des marais, des côtes que l'on nomme *hachées*. Les villes, les bourgs et les villages, indiqués par de petits cercles plus ou moins compliqués, sont gravés avec un poinçon nommé *pétitionnaire*. Le trait d'une carte ou d'un plan terminé, on met les planches sous la main du graveur de lettres, qui a des procédés particuliers.

Les premières cartes parurent vers l'année 1560. Elles étaient gravées sur étain et sur cuivre. Les graveurs en ce genre d'ouvrages étaient Munster, Ortellius, Speckel, Meyer, etc. Leurs cartes étaient d'un mauvais style, qu'améliorèrent peu les Hollandais Hondius et Merala. Tavernier fit infiniment mieux en 1630 ; mais l'année 1740 fut une époque remarquable par les améliorations qu'apportèrent Roussel, Cocquart, Villaret, Poilly, et, vingt ans plus tard, de nouveaux progrès furent dus à Dupuis, à Chalmandrier, à de Lahaye, à Périer, à Germain, etc. L'art de la gravure topographique atteignit un haut degré de perfection à la fin du xviii$^e$ siècle, avec Monien, Bouclet, Doudan et Tardieu. Les trois derniers ont fait une carte des *Chasses* restée célèbre. Depuis, des progrès rapides, des études mieux dirigées ont porté jusqu'à la perfection ce genre de gravure.

Le *procédé Gilot* est une sorte de gravure sur zinc à l'aide d'un acide. Il donne des produits applicables à la typographie.

*Gravure au pointillé.* — Ce genre de gravure s'exécute entièrement avec des points, sans le secours de traits ni de tailles. Les points se font avec le burin seul ou le burin et la pointe. Morin et Boulanger sont considérés comme les inventeurs de ce genre qui date de la fin du xvii$^e$ siècle. Lutma, orfèvre d'Amsterdam, a laissé quatre portraits au ciselet dont les têtes sont pointillées d'une manière douce et agréable. Mais cette manière, qui différait peu de la précédente, et qui consistait à employer un ciselet ou pointe aiguë et courte sur laquelle on frappait avec un marteau, d'où son nom *opus mallei*, n'a guère été pratiquée que par Lutma. La gravure au pointillé, au contraire, a eu une grande vogue en Angleterre au xviie siècle. On cite encore les travaux de W. Ryland, obtenus par ce procédé.

*Gravure dans le genre du crayon.* — Elle fut inventée, en 1740, par François. Elle a une grande analogie avec la précédente. Elle se fait particulièrement avec un instrument appelé *roulette*, et qui est un cylindre d'acier à surface dentée, monté sur un axe, autour duquel il tourne et dont la largeur est proportionnée à la force des tailles. Ce genre était surtout employé pour produire des modèles de dessins. L'invention de la lithographie l'a fait délaisser.

*Gravure à la manière noire* ou *mezzo-tinto.* — Elle a été inventée, dit-on, par Sieghen, lieutenant-colonel au service du prince de Hesse-Cassel. Le premier ouvrage qu'il publia (1643) fut le buste de la landgravine Amélie-Elisabeth. Cet officier aurait révélé son secret à Robert de Bavière, prince palatin du Bas-Rhin, amiral anglais sous Charles Iᵉʳ, qui l'aurait communiqué à Woleran Vaillant, peintre flamand, lequel l'aurait divulgué peu après. Une autre version attribue cette invention à Fr. Aspruth (1671), un graveur d'ailleurs inconnu. Les Anglais, notamment Smith et G. Withe, ont beaucoup employé cette gravure pour le portrait. Le procédé consistait autrefois à grener à l'infini une planche de cuivre au moyen d'un outil dit *berceau*. De nos jours, un mécanicien, M. Saulnier, a inventé une machine qui prépare le cuivre pour la manière noire. Cette gravure diffère de la gravure au burin et à l'eau-forte, en ce que le graveur exécute les lumières au lieu d'exécuter les ombres, qui sont fournies par le fond de la planche. Le travail se fait au brunissoir, au racloir et à l'ébarboir. On s'explique très bien l'effet produit par ces outils, si l'on réfléchit que, dans les parties qu'ils attaquent, les grains de la planche, qui viennent blancs à l'impression, ont une surface d'autant plus large qu'ils ont été plus profondément atteints.

*Gravure au lavis* ou *aqua-tinta.* — Ce genre, pour lequel les procédés abondent, consiste à laver sur le cuivre, au moyen de l'eau-forte, comme on lave un dessin sur le papier avec du bistre ou de l'encre de Chine. Les estampes ainsi exécutées ont toute la valeur des dessins originaux. J.-B. Leprince a tiré un excellent parti de cette découverte. De cette gravure imitant le lavis, il n'y avait qu'un pas à faire pour arriver à l'imitation des dessins coloriés à l'aquarelle. Il s'agissait seulement de multiplier les planches pour une même estampe, et de distribuer sur chacune d'elles les couleurs destinées à en couvrir les différentes places. Descourtis, Janinet et Dubucourt y sont arrivés et ont produit des œuvres remarquables ; mais, à l'exception de quelques estampes produites par les artistes ci-dessus, toutes celles qu'on a obtenues par le même procédé sont au dessous du médiocre. Si l'on grave sur l'acier ou tout autre métal, la préparation de la planche par l'artiste est la même que pour le cuivre. Seuls, les mordants diffèrent. Ainsi, par exemple, pour faire mordre sur l'acier, on emploie beaucoup la composition Turell : acide acétique pur très concentré, 4 parties ; alcool anhydre et acide nitrique, chacun 1 partie ; mais, pour les mordants, depuis l'eau-forte proprement dite jusqu'au glyphogène Deleschamps, il existe plus de cent formules.

Tel est le résumé descriptif de l'histoire et des procédés de la gravure. Nous allons reprendre en détail chacun de ces différents genres, tant au point de vue matériel et pratique qu'au point de vue de l'art proprement dit.

N. BERGHEM

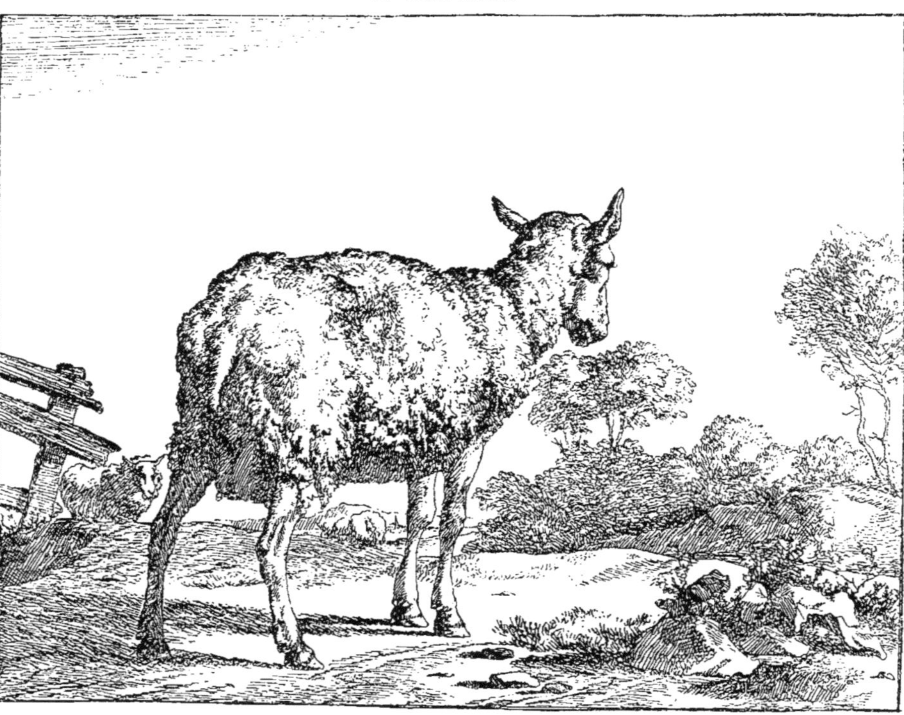

*Reproduction d'une eau-forte originale du Maître.*

# CHAPITRE III

## DE L'OUTILLAGE

Une fois votre intention bien arrêtée de vous livrer à l'art de l'aquafortiste, je pense qu'il y a lieu de vous munir dès le début de tous les objets qui constituent un bon outillage, attendu que peu à peu vous vous habituerez à vos outils, ils seront pour vous des amis, vous les aimerez comme Töppfer son bâton d'encre de Chine. Constituez-vous donc un petit atelier, dans une pièce spéciale si vous pouvez, ou même une partie réservée près de votre fenêtre. Sur une table un peu large, à deux tiroirs, l'un pour les papiers, l'autre pour les chiffons et les cuivres de réserve, vous disposez en ordre vos outils, mais gardez-vous bien de les serrer pour que leur aspect vous attire et que, les voyant, votre esprit soit toujours avec eux, même lorsque vous ne travaillez pas.

Devant votre vitrage et au dessus de la table, sur un plan incliné à 30° environ, placez un châssis transparent fait de papier végétal tendu sur un cadre de bois pour tamiser la lumière et éviter le rayonnement du cuivre, ce qui permet de travailler plus aisément dans la position normale ; autrement vous seriez obligé de vous pencher souvent soit à droite soit à gauche pour regarder obliquement et suivre l'effet de votre travail.

Sans doute, un cuivre, deux ou trois pointes, une boule de vernis, un peu d'acide et une cuvette pourraient suffire au commençant, mais comme l'outillage que nous avons à indiquer doit servir durant tous nos travaux, que nous devons pousser aussi loin que possible, voici la désignation de tous les objets que vous trouverez dans l'atelier de l'aquafortiste et dont la qualité et l'usage seront indiqués au cours de ce traité :

Des cuivres de différentes grandeurs ;
Un étau à main, manche en bois.

### LES VERNIS

Vernis noir en boule,
Vernis blanc en boule,
Vernis au pinceau, en flacon,
Vernis dit à recouvrir,      —
Vernis blanc liquide,      —
Vernis à remordre,      —
Vernis anglais,      —
Tampon à vernir en soie,
      —      —      en peau,
Flambeau à noircir les plaques,
Cire à border,
Rouleau à revernir.

### LES OUTILS

Pointes crayons des n^os 1 à 6 inclus,
Pointes sèches,

Porte-pointes et porte-aiguilles,

Deux grattoirs, un moyen, un plus large,

Brunissoirs : en pointe, plat, rond, en pied de biche,

Burins assortis, avec manche dit universel, s'adaptant à tous,

Une loupe dite achromatique,

Une loupe à main dite lancetier,

Une roulette à points et à lignes,

Une éprouvette nue, une graduée,

Un pèse-acide,

Une lampe à alcool,

Un marteau, un tas, un compas d'épaisseur.

Trois flacons bouchés à l'émeri, d'une contenance de 1 kilo environ et portant, si possible, les inscriptions de leur contenu gravées sur le flacon :

1° Acide nitrique,

2° Bain employé,

3° Essence de térébenthine.

Un autre flacon d'une contenance de 500 gr.,

Un autre   —        —        250 gr.,

Un ou deux entonnoirs en gutta-percha,

Une ou deux cuvettes en porcelaine, gutta-percha, verre ou tôle émaillée,

Des doigtiers en caoutchouc,

Une pierre du Levant ou pierre d'Amérique à aiguiser,

Une autre plus douce dite à l'huile,

Du papier végétal, calque et sanguine,

Du papier glacé ou gélatiné,

Du papier buvard,

Enfin une presse d'amateur et du papier de Hollande pour tirer les épreuves.

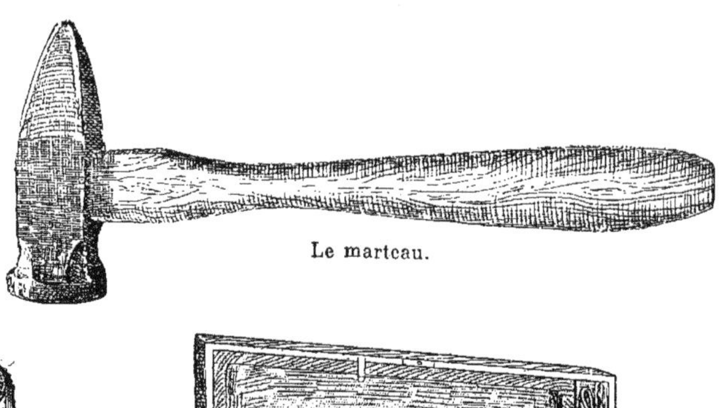

Le marteau.

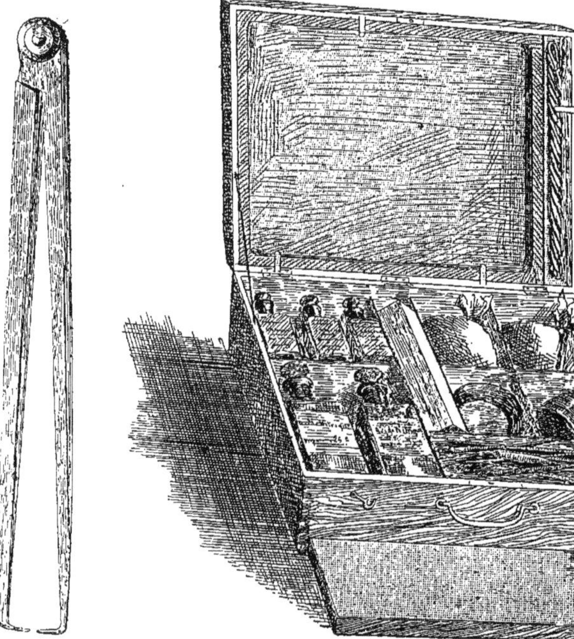

Boîte garnie pour aquafortiste.

Compas
d'épaisseur.

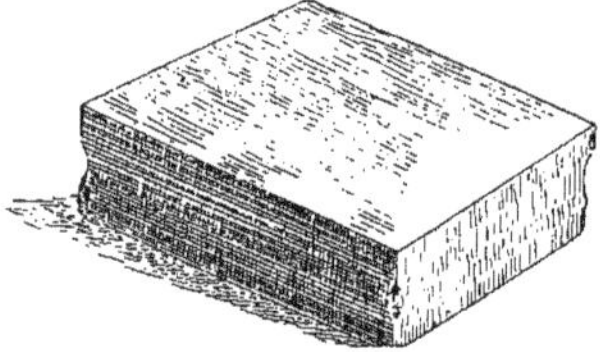

Le tas.

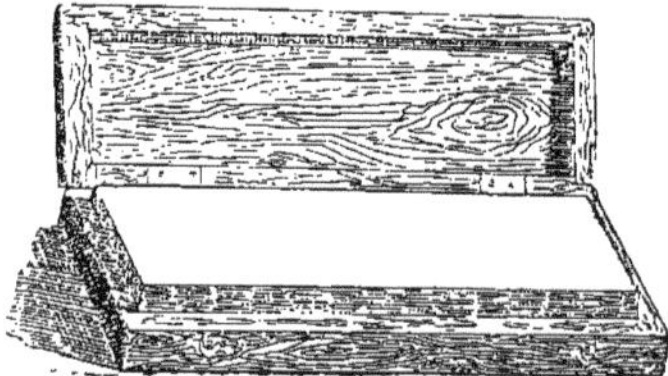

La pierre à l'huile.

### 1° LES CUIVRES

Je citerai d'abord textuellement ici l'opinion d'Abraham
Bosse, mentionnée en ses deux chapitres concernant la qualité des cuivres, parce qu'en les lisant, l'amateur se rendra
compte de l'importance qu'y attachait ce maître en vue d'une
bonne réussite. Aussi bien tous ceux qui ont écrit sur l'eau-
forte se sont appuyés sur A. Bosse qui le premier fit un
traité pratique sur la matière, et ce livre est d'autant plus
précieux que l'auteur, en un style plein de naïveté, a pour
ainsi dire presque complètement épuisé le sujet dans lequel
il avait certes une compétence professionnelle absolue, tant
au point de vue théorique qu'au point de vue pratique,
puisqu'aucun de ceux qui l'ont imité n'a été plus loin dans la
démonstration.

Voici donc comment il s'exprime :

« *Moyen de connoître le bon cuivre rouge, de le faire forger en
planches, de le polir et dégraisser, avant que de mettre le vernis
dessus.*

« Pour la gravure en taille douce, tant au burin qu'à l'eau-forte, le
cuivre rouge est reçu pour le meilleur ; il y a le jaune que l'on nomme
autrement leton, lequel est communément trop aigre, souvent pailleux et mal net ; il y en a du rouge, lequel a ces mauvaises qualités
et qui par conséquent est à rejetter, d'autant que l'ouvrage que l'on
ferait dessus à l'eau-forte paraîtrait trop rude et maigre. Il s'en rencontre aussi qui est quasi mol comme du plomb, et ce n'est pas
encore de la sorte qu'il le faut, à cause que venant à appliquer l'eau-
forte sur ce que vous avez tracé dessus, elle y demeure long-temps
et ne creuse que fort peu, et ce qui est le pis, elle éclate le vernis
et fait les traits et hâchures mal nettes, autrement boucuses et
bourrues ; et pour m'expliquer mieux, c'est par comparaison comme
si l'on faisait à la plume avec de l'encre, quelques hacheures sur du
papier qui boive un peu, cela fait que les traits ne sont pas nets, et

qui plus est, ils se mettent quasi les uns avec les autres, ce qui fait
que je ne m'étonne pas si l'eau fait ainsi enlever le vernis; car trouvant le cuivre si mol et si poreux elle le fouille et avance facilement
sous le vernis, qui par conséquent vient à quitter le lieu où il était
appliqué.

Il s'en rencontre aussi qui a des veines, lesquelles sont molles et
aigres; il y en a d'autre qui est plein de petits trous que l'on
nomme cendreux, et d'autre rempli de petites taches qu'il faut brunir et qu'on nomme teigneux. Mais le bon cuivre rouge est plein,
ferme et l'on peut connaître s'il est tel en y gravant avec le burin;
car s'il est aigre vous sentirez de la peine et du criquetis en l'y faisant, et s'il est mol, il semble que vous touchez du plomb.

Au lieu qu'étant bon, le burin y entre sans sentiment de criquetis
ni de molesse, mais avec un peu de force et une fermeté pleine et
douce, comme quand l'on touche l'or et l'argent en comparaison des
autres métaux.

*Manière de faire forger et polir le cuivre.* — Il n'est pas absolument nécessaire à celui qui désire graver de sçavoir faire forger et
polir lui-même son cuivre; mais d'autant que l'on se peut trouver en
des lieux où l'on n'en trouverait que comme les chaudronniers
l'achètent, j'ai trouvé à propos de l'enseigner, et même cela vous
peut donner la connoissance pour voir s'il est bien poli afin d'y
pouvoir faire une gravure nette.

Quand vous serez assuré de la bonne qualité du cuivre, vous don-
nerez à un chaudronnier la mesure des grandeur et épaisseur dont
vous voudrez la planche.

Une planche de la grandeur que les ouvriers nomment grande
demi-feuille et qui est d'environ douze pouces d'un côté et neuf de
l'autre, doit avoir à peu près l'épaisseur d'une ligne, et à proportion pour les autres grandeurs.

Vous recommanderez de la bien forger et applanir à froid; car
étant ainsi bien forgée, le cuivre en devient beaucoup moins poreux,
et cela est de très grande conséquence.

Ensuite vous prendrez la planche ainsi forgée et en choisirez le
côté le plus uni et le moins pailleux ou gerseux, et le poserez sur

un ais en penchant, au bas duquel vous aurez fiché deux petits cloux ou leurs pointes, pour y retenir et arrêter la planche afin qu'elle ne glisse.

Lors, pour commencer à la polir, vous prendrez un gros morceau de grès et de l'eau nette, et la frotterez avec cela bien fermement et également pour tout une fois, selon sa longueur et puis selon sa largeur, en la mouillant de fois à autre, jusqu'à ce qu'il n'y paraisse plus aucune fosse ni marque ou tache des coups que le marteau y a faits en la forgeant, ni aucuns trous ou paille, ou autre sorte d'inégalité ; puis vous la laverez en sorte qu'il n'y demeure rien dessus.

Après cela vous prendrez de la pierre ponce bien choisie, et en frotterez ladite planche avec de l'eau, comme vous avez fait avec le grès, en long et en large, tant et tant de fois et si fermement et également, qu'il n'y reste plus aucune trace ni raye dudit grès et enfin la laverez bien.

De rechef vous ferez la même chose encore avec une pierre douce à éguiser et de l'eau, tant que les traces de la ponce soient toutes perdues : *ladite pierre douce à éguiser est d'ordinaire de couleur d'ardoise, il s'en trouve aussi de couleur d'olive et de rouge.*

Cela fait, vous laverez si bien votre planche avec de l'eau claire et nette, qu'il n'y demeure aucune poussière ou ordure dessus.

Alors vous prendrez un charbon de ceux que vous aurez choisi et brûlé de la façon qui suit : Sçavoir trois ou quatre charbons de saule bien doux, gros et pleins, sans être fendillés, et dont communément les orfèvres se servent à souder ; vous en ratissez bien l'écorce, puis vous les rangerez ensemble dans le feu ; vous les couvrirez ensuite d'autres charbons allumés et de quantité de cendre rouge par dessus, de sorte qu'ils y puissent demeurer sans prendre beaucoup d'air une heure et demie plus ou moins selon la grosseur des charbons, d'autant qu'il faut que le feu les ait atteints jusqu'au cœur et qu'il n'y reste aucune vapeur ; c'est pourquoi il vaut mieux les y laisser plus que moins ; et, lorsque vous jugerez qu'ils sont en état de les ôter du feu, vous mettrez de l'eau commune en quelque vaisseau assez grand pour les contenir tous ; puis vous les retirerez du feu et en même temps les jetterez tout ardents dans ladite eau pour les y éteindre et laisser refroidir; il y en a qui se servent d'urine au lieu d'eau, mais pour moi, je trouve l'eau assez bonne.

Maintenant pour se servir de ces charbons à achever d'en polir votre cuivre, vous en choisirez comme dessus, un ou un morceau d'un qui soit assez gros et ferme et qui se soit bien maintenu au feu sans se fendiller; vous le tiendrez bien avec la main et appuyant une de ses carnes ou angles contre la planche, vous l'en frotterez fermement pour ôter les traits de la pierre; il n'importe de quel sens pourvu que tous ces traits s'en aillent; et s'il arrive que le charbon ne fasse que glisser sur le cuivre sans y mordre, c'est signe qu'il n'est pas bon, et il faut en choisir un autre qui ait cette qualité, qu'alors que vous le poussez sur le cuivre avec de l'eau, vous l'y sentiez âpre et qu'il le mange en faisant un doux bruit, et l'ayant tel vous le passerez toujours d'un même sens sur votre planche tant et tant de fois qu'il ne paraisse plus en tout sur icelle aucune raye, paille ou trous si petits qu'ils soient.

Et si d'aventure (comme il se rencontre assez souvent) le charbon est un peu trop âcre ou rude, et qu'il morde le cuivre trop rudement, vous en pourrez choisir un qui soit un peu plus doux, et le repasser avec de l'eau dessus le poliment du premier.

Après avoir fait ce qui se peut avec le charbon, votre planche paraissant bien unie sans rayes profondes ni trous, il faut prendre un outil d'acier bien poli et arrondi ou applati en pointe par les deux bouts en forme d'un cœur, appelé *Brunissoir*. Et ayant frotté la planche avec un peu d'huile d'olive, vous ferez passer le brunissoir par dessus en appuyant fortement sur le cuivre. La meilleure manière de *brunir un cuivre* est de ne point passer le brunissoir sur la longueur ni sur la largeur, mais de biais, c'est-à-dire diagonalement d'un angle à l'autre, ce qui ôte bien mieux les rayes ou salissures que le charbon y a fait. On brunira ainsi tout le cuivre de manière qu'il devienne partout luisant comme une glace de miroir; et si, par hasard, il y restait encore après cela quelques rayes, il faut repasser le brunissoir seulement à cet endroit, en lozange sur cette raye jusqu'à ce qu'elle disparaisse tout à fait.

Les cuivriers ne brunissent pas ordinairement les planches, à

moins qu'on ne le leur recommande et qu'on ne paye quelque chose
de plus pour cette façon; c'est pourquoi le graveur est souvent
obligé de le faire en leur place, ce qu'il ne doit pas négliger, autrement les épreuves ou estampes que l'on tirerait après que l'eau forte
a mordu, viendraient toutes sales et pleines de rayes.

Une planche de cuivre neuf bien polie et brunie, et toute prête à
graver se vend, à Paris, chez les Cuivriers, 55 sols ou tout au plus un
écu la livre.

Votre planche étant donc ainsi bien polie et brunie, vous la laverez avec de l'eau nette et la présenterez devant le feu par l'envers
afin qu'il dessèche l'eau qui est restée dessus; étant sèche, vous
l'essuyerez avec un linge bien net, et pour être assuré qu'il n'y a
rien de gras sur icelle, vous y passerez dessus en frottant de la mie
de pain bien rassis, ou bien ayant ratissé sur ladite planche du blanc
de craye bien doux, vous la frotterez plusieurs fois avec un linge
blanc, puis vous l'essuyerez bien, de sorte qu'il n'y demeure ni pain
ni blanc dessus ni aucune autre ordure.

La planche étant en cet état est prête à y appliquer le vernis.

L'on peut encore faire ceci pour être assuré que la planche soit bien
polie, c'est de l'envoyer à l'imprimeur de taille douce, afin qu'il
l'encre de noir partout comme si elle était gravée, et qu'il en tire une
épreuve sur du papier blanc, et si le cuivre est bien poli, ledit papier
n'en doit pas avoir perdu sa blancheur, mais après il faut être soi-
gneux de si bien dégraisser ladite planche qu'il n'y reste dessus
aucune partie du noir à l'huile de l'imprimeur ni aucune autre saleté. »

Comme le dit naïvement A. Bosse, il n'est pas nécessaire
que l'amateur sache forger un cuivre; mais, connaissant
bien le travail du *cuivrier* et du *planeur*, il pourra reconnaître aisément la bonne qualité d'une planche.

De nos jours, les cuivres anglais sont réputés les meilleurs. Ils sont planés au laminoir, puis replanés après le
découpage et la mise en forme, et c'est avec juste raison
que Maxime Lalanne regrette qu'ils ne soient point comme

autrefois refoulés et battus au marteau, ce qui leur donnait une densité plus grande, une aptitude meilleure à recevoir la morsure, accusant à l'épreuve une plus grande franchise dans les tailles ; mais les temps ont marché, la machine-outil a partout remplacé la main de l'homme, il faut se contenter des produits de l'industrie, laquelle d'ailleurs nous les donne aussi perfectionnés que possible.

## L'ÉTAU

La planche de cuivre une fois nettoyée, c'est-à-dire passée à l'essence de térébenthine, ne doit plus être manipulée à pleines mains : on doit la manier en la prenant sur les bords, d'angle en angle, comme font les opérateurs photographes pour les glaces des clichés ; puis, pour les prépa-

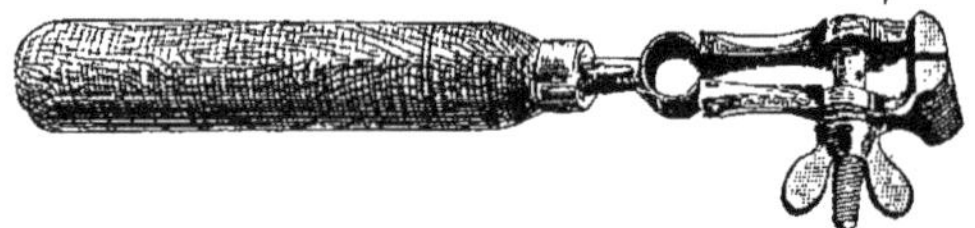

rations, on devra se servir d'un étau d'acier poli ou nickelé, à manche de bois : ceci est très important si l'on ne veut se brûler les doigts au vernissage de la planche.

## DES VERNIS

Les vernis sont, avec la planche de cuivre, la base même du travail de l'aquafortiste. On ne saurait donc trop s'y arrêter.

Nous les classerons en deux catégories :

1° Les vernis destinés à recevoir les premiers travaux ou vernis de premier état, ce sont : le vernis noir en boule, le vernis mou, le vernis au pinceau ;

2° Les vernis à retoucher qui sont : le vernis au rouleau, pâte à la consistance du miel, le vernis blanc en boule ou liquide ;

Enfin, un vernis indispensable, hors de cette division, parce qu'il ne sert jamais aux travaux de dessin, mais seulement à la morsure, est le vernis à recouvrir.

1° *Vernis noir en boule*, enfermé dans une enveloppe de soie formant tampon ; nous en verrons l'emploi lors de la préparation de la planche. Il existe un second vernis noir en boule, connu sous le nom de *nouveau vernis*, mais il est inutile à l'artiste qui n'a jamais besoin d'une morsure de plus d'une heure. Or, le nouveau vernis, exclusivement employé aux travaux de commerce, résiste 13 heures à l'acide, mais il est plus dur sous la pointe du graveur ; on devra donc faire usage de l'ancien vernis, connu sous la simple désignation de *vernis noir en boule*.

Ce vernis et les suivants se trouvent tout préparés et si nous mentionnons des formules en notes, c'est plutôt à titre de documents et de curiosité[1]. Cependant certains graveurs

---

1. Autrefois on distinguait les vernis en deux sortes : les vernis durs qui servaient aux graveurs dont l'eau-forte se rapprochait du travail du burin, par la régularité des tailles et les procédés analogues qui ne laissaient à l'acide que le soin de creuser les travaux, les vernis mous, plus spécialement réservés à l'eau-forte des peintres. Aujourd'hui cette distinction n'a plus de raison d'être, les vernis employés étant tous des vernis plus ou moins tendres, le vernis mou étant réservé au genre tout spécial que nous avons dit et dont nous aurons à parler. Donnons ici à titre de document les diverses formules relatées par Perrot, en 1840, formules qui ont servi de bases à la fabrication moderne et très modifiées par suite des progrès de la chimie industrielle.

Vernis dur.

| | | |
|---|---|---|
| Poix grecque, | 120 | grammes. |
| Résine de Tyr, | 150 | — |
| Huile de noix. | 120 | — |

composaient eux-mêmes leurs vernis, témoin l'excellent maître Courtry qui l'obtient ainsi :

Vernis brun anglais   2 tiers,
Essence de lavande   1 tiers.

*Du vernis mou* nous parlerons ultérieurement, puisqu'il fait, pour ainsi dire, corps avec le genre de gravure auquel il a donné son nom.

*Le vernis au pinceau* est un vernis qui sert aux retouches du premier état avant la morsure. Quand on juge un travail défectueux dont on veut supprimer toute trace dans l'épreuve, on le recouvre de vernis d'un coup de pinceau et l'on recommence ; plus tard, après la morsure, si l'on juge que la pointe a légèrement entamé ou éraflé le cuivre en ces endroits défectueux qu'on a recouverts du vernis au pinceau, il suffira d'y passer le brunissoir, l'acide n'ayant pas mordu ces défectuosités, ces repentirs disparaîtront entièrement.

---

*Vernis de Florence.*

| | | |
|---|---|---|
| Huile grasse, | 120 | grammes. |
| Mastic en larmes pulvérisé. | 120 | — |

*Vernis tendres.*

| | | |
|---|---|---|
| Vernis de Bosse, | | |
| Cire vierge blanche, | 50 | grammes. |
| Mastic en larmes, | 30 | — |
| Bitume de Judée. | 15 | — |

*Vernis de Rembrandt.*

| | | |
|---|---|---|
| Cire vierge, | 30 | grammes. |
| Mastic en larmes, | 15 | — |
| Asphalte ou ambre. | 25 | — |

*Le vernis à recouvrir* ne s'emploie que pour la morsure, c'est pourquoi nous en parlons après les vernis de premier état. Il est brun rouge et liquide, à base de bitume. Il est nécessaire de le mélanger dans un godet avec du noir de fumée qui aide à la prompte dessiccation. Au moment de la première immersion dans l'acide, on recouvre entièrement la planche, marge, bords biseautés et envers, mais non pas, bien entendu, la partie où figure le travail qui est recouverte du vernis noir, afin d'éviter que l'acide attaque le métal en aucun endroit autre que celui qui a été découvert par la pointe. Ce vernis à recouvrir, séchant vite, n'offre aucune souplesse, il est donc impropre aux travaux de retouche, et ne peut, en aucun cas, remplacer le vernis au rouleau; car, bien qu'il ne soit pas souple, il est extrêmement fluide et pénètrerait dans les tailles des parties qu'on ne voudrait pas recouvrir.

---

*Vernis de Callot*:

| | | |
|---|---|---|
| Cire vierge, | 60 | grammes. |
| Ambre ou bitume de Judée, | 60 | — |
| Mastic en larmes, | 60 | — |
| Résine, | 30 | — |
| Poix de Bourgogne, | 30 | — |
| Térébenthine. | 15 | — |

Ou encore :

| | | |
|---|---|---|
| Cire vierge, | 120 | grammes. |
| Asphalte, | 60 | — |
| Ambre, | 30 | — |
| Mastic en larmes. | 30 | — |

Les vernis de retouches :

*Le vernis au rouleau* ou *vernis à remordre* qui a la consistance du miel en été. Il s'étend sur la planche à l'aide d'un rouleau d'encrage semblable aux rouleaux des imprimeurs. Ainsi répandu sur la plaque de cuivre, il en recouvre toute la surface sans entrer dans les tailles qu'il laisse à découvert, sautant pour ainsi dire par dessus. On peut donc faire mordre la planche à nouveau par immersion, et reprendre les travaux comme au premier état. Toutefois il ne faut pas conclure que ce vernis pourrait remplacer le vernis noir de premier état; il sèche d'abord plus lentement, 24 heures au moins sont nécessaires avant de commencer le travail de la pointe; d'autre part, il a beaucoup moins de solidité et l'on ne saurait, comme avec le vernis noir, laisser, en cas d'empêchement ou de maladie, une planche en attente pendant plusieurs mois. En réalité, il sert à remordre et ne doit servir qu'à cela.

---

Autre formule :

| | |
|---|---|
| Cire vierge, | 30 grammes. |
| Asphalte, | 30  — |
| Poix noire, | 15  — |
| Poix de Bourgogne. | 7 gr. 5 |

Ou bien :

| | |
|---|---|
| Cire vierge, | 75 grammes. |
| Poix de Bourgogne, | 90  — |
| Résine, | 15  — |
| Asphalte, | 60  — |
| Térébenthine. | 15  — |

Ou encore :

| | |
|---|---|
| Cire vierge, | 60 grammes, |
| Asphalte ou ambre, | 60  — |
| Poix noire, | 30  — |
| Poix de Bourgogne. | 15  — |

*Le vernis blanc* en boule sert à la reprise des travaux et s'applique exactement comme le vernis noir. Il n'y a pas à l'enfumer, puisque c'est pour voir tous les travaux antérieurs qu'on l'emploie. Le vernis blanc liquide rend exactement le même service ; on se sert du vernis blanc en boule lorsqu'on a toute la planche à revoir, du vernis blanc liquide lorsqu'on veut seulement faire quelque retouche partielle. Pour le vernis blanc liquide, il faut que la planche soit très fortement chauffée.

Les vernis souffrent peu de la chaleur atmosphérique, mais sont facilement dénaturés par le grand froid et surtout l'humidité, il y a donc quelques précautions à prendre. En général, les laisser sur la table de travail plutôt que de les enfermer dans des placards. D'autres observations sur les vernis trouveront place au cours de ce traité.

*Tampons à vernis, lampe à alcool, torche de graveur.* — Les tampons à vernis en soie ou en peau doivent être en

---

Ou enfin, simplement :

| Cire vierge, | 60 grammes. |
|---|---|
| Poix noire, | 15 — |
| Poix de Bourgogne, | 15 — |

*Les vernis au pinceau.*

| Bitume de Judée, | 30 grammes. |
|---|---|
| Essence de térébenthine, | 250 — |
| Cire vierge, | 10 à 15 gr. |

Ou bien :

| Cire vierge, | 60 grammes. |
|---|---|
| Bitume de Judée, | 60 — |
| Mastic en larmes, | 30 — |
| Poix grecque, | 30 — |

tissu très fin. Ils contiennent de l'ouate en quantité suffisante
et suffisamment serrée pour qu'il ne se forme à la surface
aucun pli du tissu enveloppant, aucune rugosité à l'intérieur.

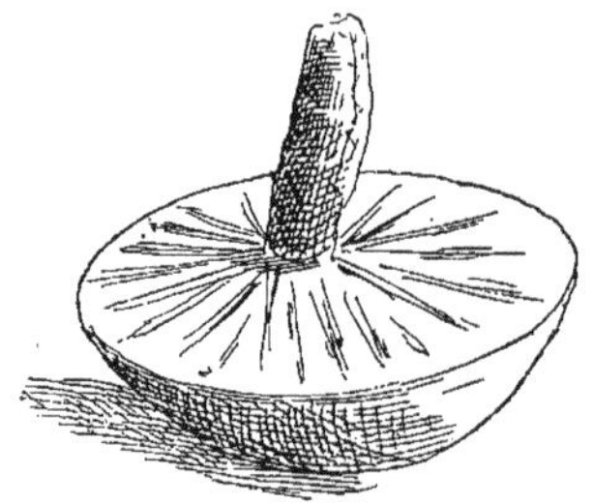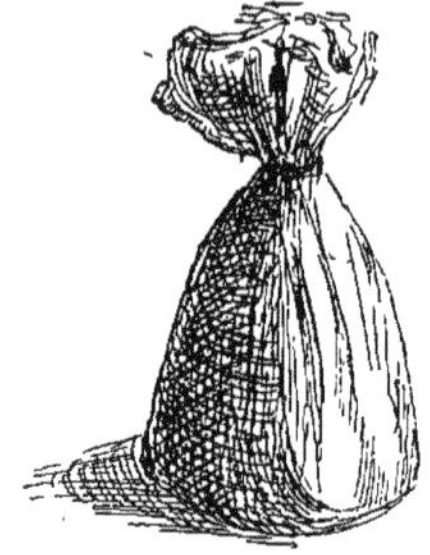

Les tampons.

Une lampe à alcool ordinaire servira pour chauffer la
planche avant d'y appliquer le vernis.

La torche de graveur, qui sert à enfumer le vernis est composée de 8 branches de rat de cave en cire blanche ou jaune
rassemblés et tordus en câble, qu'on écarte au sommet, à

---

Ou encore :

| Cire vierge, | 90 grammes. |
| Bitume de Judée, | 120 — |
| Poix de Bourgogne, | 60 — |

Toutes ces préparations doivent se faire à chaud, au bain-marie,
après broyage préalable de toutes matières dures.

Formules pour les vernis liquides à recouvrir ou petits vernis :

*Vernis à recouvrir pour l'immersion complète.*

| 1° Bitume de Judée, | 30 grammes. |
| Essence de térébenthine, | 240 — |
| Cire vierge, | 15 — |
| 2° Essence de térébenthine, | 240 — |
| Cire vierge, | 4 — |

volonté, pour donner plus ou moins d'étendue à la flamme
selon la grandeur de la planche.

Le *rouleau à revernir*, analogue au rouleau en peau dont se
servent les lithographes, doit toujours être tenu en parfait

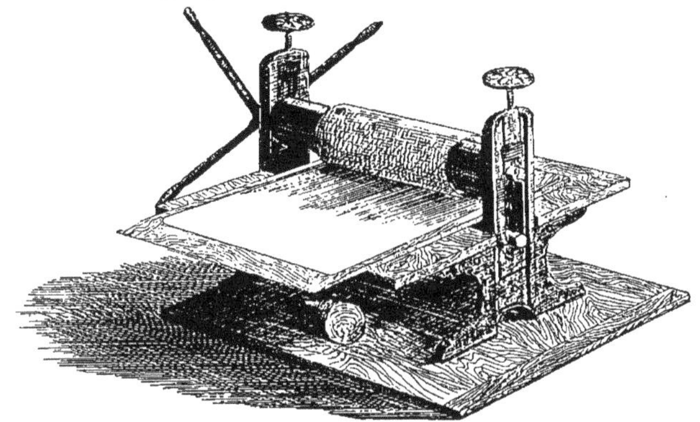

Presse d'amateur.

état de propreté, le vernis n'y doit point sécher lorsqu'on ne
s'en sert pas. Après l'usage il est indispensable de le remettre

| | |
|---|---|
| Bitume de Judée, | 15 grammes. |
| Mastic en larmes, | 4  — |
| Copal, | 4  — |

*Petit vernis pour couvertures partielles.*

| | | |
|---|---|---|
| 1° Cire vierge, | 60 | grammes. |
| Bitume de Judée, | 60 | — |
| Mastic en larmes, | 60 | — |
| Essence de térébenthine, | 500 | — |
| 2° Essence de térébenthine, | 240 | — |
| Bitume de Judée, | 45 | — |
| Cire vierge, | 30 | — |
| 3° Bitume de Judée, | 30 | — |
| Essence de térébenthine, | 240 | — |
| Cire vierge, | 8 | — |
| Mastic en larmes, | 4 | — |

en état en le nettoyant à fond avec l'essence de lavande. Son
emploi est assez difficile, mais il constitue, en réalité, la
grande ressource du graveur et l'on pourrait citer des
planches qui n'ont pas subi moins de cinquante revernis-
sages au rouleau.

### POINTES ET AIGUILLES

Les pointes et aiguilles employées par le graveur sont
d'acier le plus pur; elles sont maintenues pour le travail en

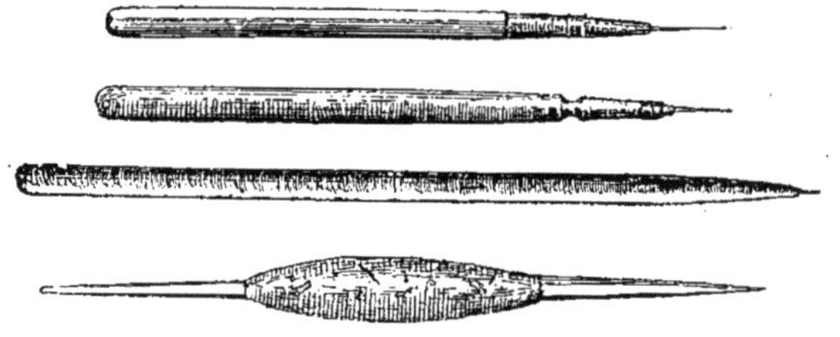

Toutes ces préparations sont excellentes, et Maxime Lalanne qui
les essaya toutes nous affirma que la différence qui existe entre elles,
principalement dans les proportions employées, variées surtout en
vue de la température, était de très relative importance. Perrot
ajoute, et ceci nous paraît résumer tout ce qui concerne les vernis :
« Aujourd'hui, les graveurs se servent pour couvrir les parties
qui ne doivent pas mordre, de vernis de Venise, épaissi par un peu
de noir de fumée. Le vernis de Venise est une dissolution de térébenthine de Venise dans l'essence de térébenthine : on le vend tout
fait chez les marchands de couleurs. (C'est le vernis à tableaux.) Il
faut en avoir dans une petite bouteille fermée d'un bouchon au travers duquel on fait passer la plume ou tuyau d'un pinceau dont on
fait usage, de façon que le poil soit suspendu dans le liquide... Dans
un travail remarquable présenté à la Société d'encouragement, en
1832, il a publié la préparation d'un petit vernis dont un grand

des porte-pointes à viroles de cuivre, qui permettent de les rentrer à l'intérieur afin qu'elles ne s'émoussent pas.

Pour aiguiser une pointe, dit encore Maxime Lalanne, on la passe à plat sur la pierre, en la faisant rouler; puis, quand elle est devenue très aiguë, on lui fait tracer un grand cercle sur du carton, en la tenant cette fois fixe dans les doigts; on continue par des cercles petits. Plus on se rapproche du centre, plus la pointe est tenue verticalement. On obtient sa finesse ou sa grosseur en la tenant écartée ou en la rapprochant du point central.

La pointe sèche doit s'aiguiser plutôt par surfaces qu'en rond, pour couper le cuivre et y pénétrer plus franchement. C'est ce qui explique que certains graveurs se servent de petites pointes et aiguilles triangulaires; toutefois l'extrémité pointue doit toujours s'aiguiser en rond. Aiguisée en facettes, la pointe marque moins et laisse une trace moins apparente, parce que, tout en pénétrant plus profondément

---

nombre de graveurs se sont servis depuis avec succès, en voici la formule :

| | | |
|---|---|---|
| Bitume de Judée, | 100 | grammes. |
| Succin fondu et non décomposé, | 10 | — |
| Cire vierge pure, | 32 | — |
| Mastic en larmes, | 25 | — |
| Essence de térébenthine, | 500 | — |
| Solution concentrée de caoutchouc, | 4 | — |

Préparation. Après avoir réduit en poudre les différentes substances et avoir coupé la cire blanche par petits morceaux, on les laisse en contact avec l'essence de térébenthine pendant 12 heures; après ce temps, on chauffe le ballon de verre qui les contient, à une température convenable pour en opérer la fusion; lorsque le vernis commence à se refroidir, on y ajoute la dissolution de caoutchouc, on filtre et on le conserve dans un vase bien bouché.

peut-être dans le cuivre, elle écarte les parois du sillon creusé, tandis qu'aiguisée en rond elle fait sauter les parcelles de cuivre qui forment ce sillon.

La roulette et la lime sont deux outils qu'à notre avis tout graveur doit posséder : peu orthodoxes au point de vue de l'eau-forte classique pure, tous deux ont des partisans parmi des artistes d'un talent tel qu'on ne saurait les discuter un seul instant dans l'emploi qu'ils en font. Nous aurons à y revenir dans nos leçons écrites.

*Grattoirs et brunissoirs* doivent aussi être tenus en parfait état ; les grattoirs d'un fil tranchant afin qu'ils obéissent rigou-

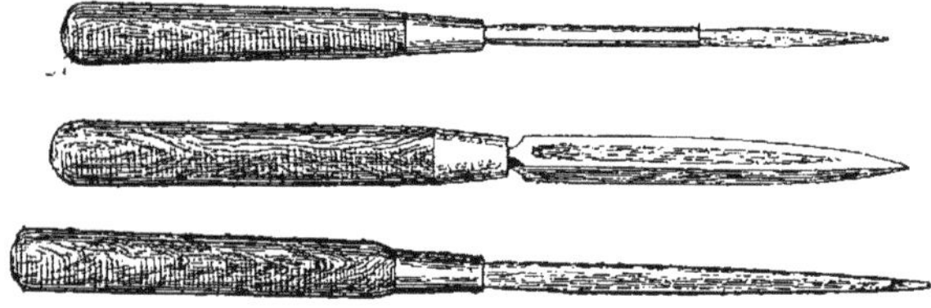

---

L'avantage de ce vernis est de n'être pas friable, de ne pas s'écailler et, enfin, de résister plus longtemps à l'action des mordants.

Ce même chimiste a proposé un vernis en boule qui a également réussi à tous les artistes qui en ont fait usage ; en voici la composition :

| | | |
|---|---|---|
| Cire blanche pure, | 120 | grammes. |
| Mastic en larmes, | 8 | — |
| Poix de Bourgogne, | 60 | — |
| Bitume de Judée, | 120 | — |
| Solution concentrée de caoutchouc, | 4 | — |

Après avoir réduit en poudre le mastic et la poix de Bourgogne, on les fait fondre dans un poêlon de terre vernissée, en ne les exposant qu'à la température nécessaire pour les liquéfier. On y ajoute ensuite la cire par petits morceaux, en ayant soin de remuer avec une spatule de fer ; lorsqu'on ajoute les premières portions de cire, il faut

reusement à la main et les brunissoirs toujours parfaitement polis pour ne pas rayer la planche de cuivre. A cet effet, on l'entretient en le polissant fréquemment sur une planche de sapin avec de l'émeri surfin et du rouge d'Angleterre ou du blanc d'Espagne.

*Le burin* est une lame d'acier assez épaisse, carrée ou en forme de losange, mais toujours terminée en pointe et coupante d'un seul côté. On appelle nez ou bec cette partie tran-

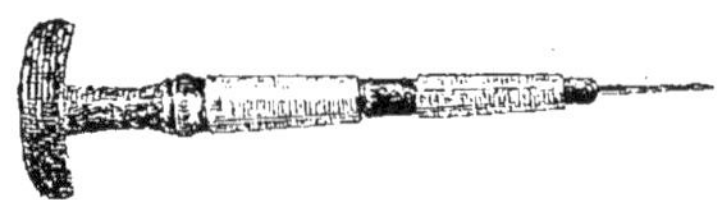

chante du burin. Il est monté sur un manche de bois dont l'extrémité, qui doit être tenue dans la paume de la main ressemble assez à une moitié de champignon, ce qui permet de coucher à plat l'outil sur le cuivre selon l'importance, la forme et la profondeur des tailles qu'on veut faire. Bien que

---

diminuer la chaleur pour ne conserver le mélange qu'à la température de l'eau bouillante. Dans un autre poêlon, et en même temps, on chauffe le bitume suffisamment pour le faire fondre et, aussitôt après, on y incorpore le mélange de cire et de résine; pour cela, on ajoute ce mélange par portions et l'on agite avec soin; lorsque le tout est parfaitement fondu, on y incorpore le caoutchouc, et l'on fait fondre le vernis à une chaleur moindre que celle nécessaire pour fondre le bitume; enfin, on coule dans des moules ou dans l'eau tiède pour en former des boules de 50 ou 60 grammes en le passant à travers un linge serré.

Un autre moyen de préparer ce vernis, et qui réussit également bien, consiste à soumettre à la distillation les substances dissoutes dans l'essence de térébenthine qui a servi à les purifier; lorsqu'on a retiré l'essence employée, on fait cuire la masse pendant un quart d'heure, et l'on coule dans l'eau chaude pour en former des boules.

le burin soit l'outil du graveur classique, l'aquafortiste ne saurait s'en passer. J'ajouterai même que c'est l'emploi du burin qui donne les plus grandes fermetés, et avec les remorsures, l'affirmation de la volonté de l'artiste.

## CHAPITRE IV

—

# PRÉPARATION DE LA PLANCHE

—

Avec l'étau pris de la main gauche, on pincera la planche
de cuivre sur un des deux côtés étroits, après avoir eu soin
d'introduire entre les lèvres de l'étau deux petits morceaux
de carte bristol pour éviter l'éraflement du cuivre, puis on
procèdera au nettoyage de la planche. Cette opération se
fait à l'aide de l'essence de térébenthine ou de potée d'étain,
certains se servent de potée d'émeri, mais l'émeri se réduit
rarement en poudre impalpable, quelque grain venant à
subsister pourrait rayer le cuivre ; quand on le juge suffisamment nettoyé, on passe encore à la surface un peu de blanc
d'Espagne. On peut encore se servir de la lessive de potasse
d'Amérique dans la proportion de 10 centilitres de potasse
pour un litre d'eau. Dans les premiers essais, et pour arriver
à savoir d'instinct à quel moment le décapage est terminé,
vérifier en trempant la planche dans l'eau pure et vous la
tenez bien horizontalement durant quelques instants. S'il ne
subsiste aucune tache graisseuse, si petite qu'elle soit, l'eau
recouvrira votre planche entièrement ; si, au contraire, la
planche n'est pas suffisamment nettoyée, l'eau se retirera

par place, même si vous maintenez la planche bien horizontale. C'est là un signe certain que quelque corps graisseux
subsiste à la surface, il faut recommencer le nettoyage.

La planche ainsi nette et dégagée de toute impureté, il
s'agit d'y appliquer le vernis ; vous la chauffez donc, soit avec
des morceaux de papiers roulés en boudins, soit à la lampe
à alcool, soit sur un réchaud de terre, que vous promenez à
l'envers de la surface nettoyée. Il ne faut pas que la planche
soit trop chaude, car elle brûlerait le vernis. Un petit moyen
de se rendre compte si elle est à point est d'envoyer sur la
surface chauffée un peu de salive : si elle se réunit en boule,
c'est bien, votre planche est à point. Vous retournez et
appliquez le vernis en promenant la boule sur toute la surface du cuivre jusqu'à ce qu'il soit bien couvert, le plus
également possible. Vous posez la boule et prenez le tam-

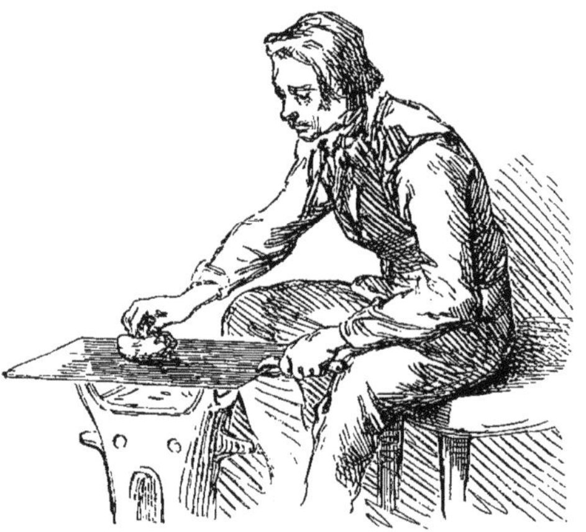

pon d'ouate ; vous le
chauffez légèrement ;
puis, commençant
par le haut à gauche,
vous tamponnez, en
tapotant régulière-
ment de gauche à
droite, puis de droite
à gauche et de haut
en bas, puis de bas
en haut, de façon
à donner le plus
d'égalité possible à la couche de vernis. Il ne faut pas
craindre d'employer une certaine vigueur dans cette opération. A mesure que le vernis se refroidit, il tire davantage
sur le tampon avec un petit bruit : les graveurs disent qu'il
chante. A ce point, notre opération doit être terminée, car,

à mesure que le vernis se refroidit, il devient impossible de l'étendre en surface unie, le tampon n'opère plus. Si l'opération est manquée, il n'y a qu'à la recommencer. N'essayez pas de chauffer la planche, mauvaise affaire. Pour recommencer, il suffit d'enlever le vernis avec de la benzine que vous répandez sur la planche et frottez avec un chiffon emmanché au bout d'une hampe de bois et réservé toujours à cet usage ; vous passez ensuite la planche à la potasse d'Amérique, la laver ensuite à grande eau et la repasser comme précédemment à la potée d'émeri, cette fois très légèrement, enfin au blanc d'Espagne. Cette opération, un peu longue à décrire, prend quelques minutes à peine.

Les moyens de décapage du cuivre varient beaucoup : certains graveurs se servent de

| | |
|---|---|
| Cyanure de potassium[1], | 20 grammes. |
| Eau, | 1 litre. |

D'autres emploient :

| | |
|---|---|
| Acide sulfurique, | 10 cent. |
| Eau, | 1 litre. |

Ou encore, et ce dernier procédé est excellent :

| | |
|---|---|
| Sel gris, dit de cuisine, | 250 grammes. |
| Vinaigre blanc d'Orléans, | 250 cent. |
| Eau, | 1 litre. |

*Enfumage.* — Le vernissage entièrement terminé et réussi, on procède à l'enfumage. Cette opération est nécessaire parce que le vernis, bien que noir, est étendu en

---

1. Dangereux et donné seulement à titre de formule pour les artistes, mais l'amateur doit s'en abstenir.

couche trop mince encore pour obscurcir le cuivre qui transparaît toujours, tandis qu'une mince couche de noir de fumée appliquée sur le vernis, qu'elle soit mate ou brillante, donne une surface noire où le moindre coup de pointe apparaîtra en trait lumineux. Voici comment on opère : le cuivre étant encore chaud et le vernis, par conséquent, non encore

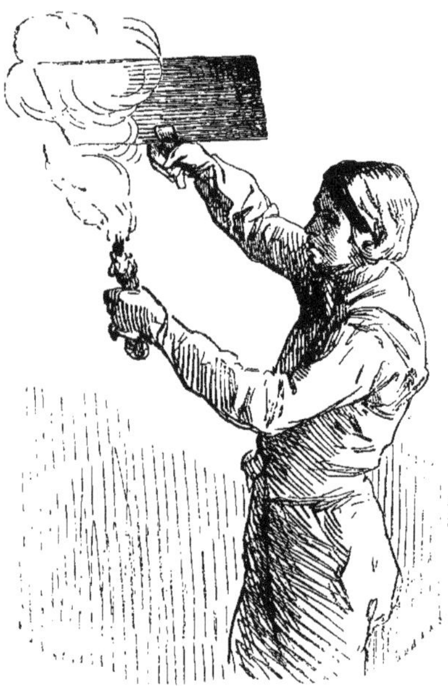

refroidi, étant plus friand de noir de fumée, le happe au passage, tandis que si on le laissait refroidir, le noir n'adhèrerait pas suffisamment à sa surface. On retourne la planche qu'on tient toujours par l'étau et l'on promène dessous la flamme d'une torche de graveur. On obtient un enfumage brillant, lorsque, comme nous venons de le dire, on flambe le vernis encore chaud. Au contraire, si on laisse à la plaque et au vernis le temps de refroidir, l'enfumage prend un aspect mat. Il est difficile de conseiller plutôt l'un que l'autre mode, c'est affaire de convenance toute personnelle. Toutefois, il faut considérer que plus on laissera la planche refroidir, plus on courra le risque de brûler le vernis en voulant l'enfumer d'une manière convenable.

En résumé, pour qu'une planche soit bien enfumée, il faut que la surface présente un aspect uniforme et qu'on n'y aperçoive pas le passage de la flamme qui a produit la fumée ;

Ch. DAUBIGNY

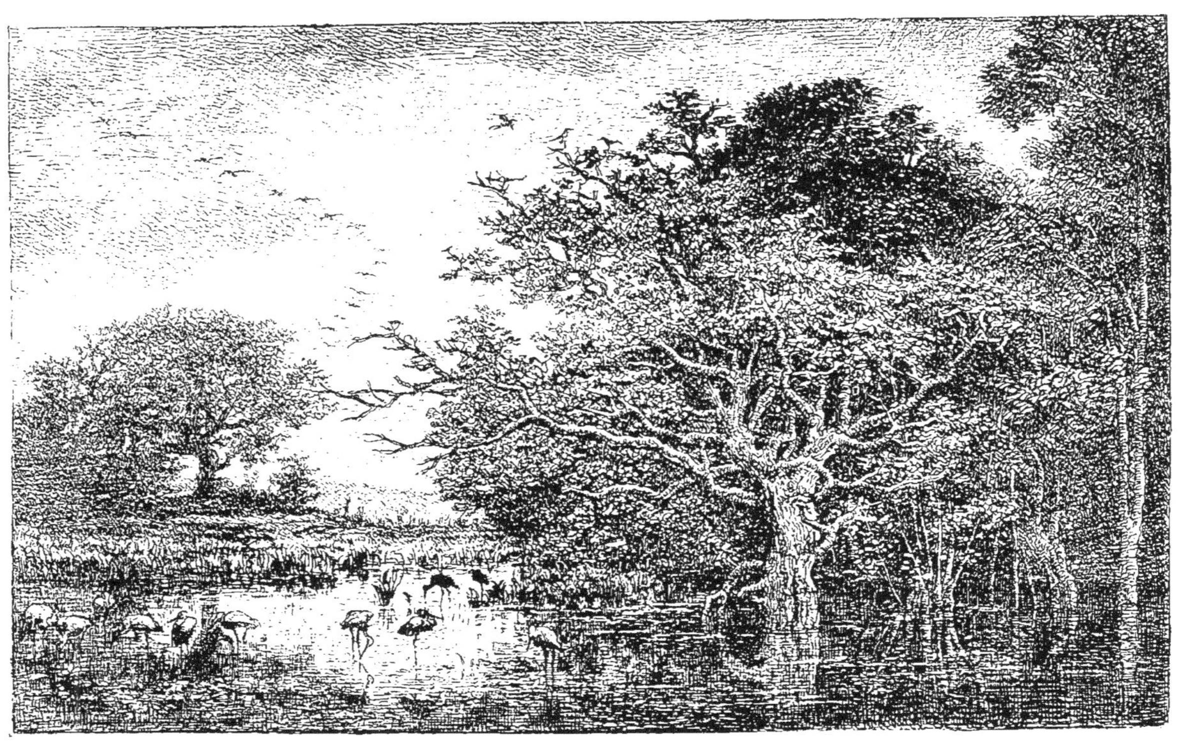

Le Marais

autrement, le vernis pourrait être brûlé, il se fendillerait et pourrait écailler par la suite. Mais, cependant, ce n'est pas là un accident certain : parfois, l'enfumage n'est pas très réussi ; on peut, après l'avoir blaireauté légèrement, recommencer l'opération et obtenir cette fois une couche parfaitement unie. Néanmoins, il faut tenir compte que plus on va, plus la planche se refroidit et moins la couche de noir de fumée a de chances d'adhérer au vernis. Pour de petits travaux vivement expédiés, si l'on peut parler ainsi lorsqu'il s'agit de gravure, on peut recommencer un enfumage mal réussi, on ne doit jamais le tenter pour une planche importante[1], un travail de longue haleine. Mieux vaut cent fois recommencer entièrement la préparation de la planche dont dépend toute la conduite du travail durant lequel vous auriez constamment à regretter l'insuffisance de la préparation, exactement comme un peintre ayant commencé une aquarelle sur un papier défectueux. Sans doute, un artiste de talent et expérimenté peut toujours s'en tirer, mais c'est au prix d'un surcroît de travail et d'un agacement fort nuisibles au résultat artistique.

1. Pour le vernissage des planches qui dépassent 50 centimètres, bien des graveurs, à Paris, ont recours à l'expérience de M. Lamour qui, par une pratique quotidienne, y a acquis une impeccable sûreté de main. De même et surtout pour le vernissage au rouleau, parce que cette opération est fort délicate, les accidents proviennent de ce que le rouleau servant rarement s'encrasse et ne donne pas une couche parfaitement nette, tandis que le rouleau du praticien servant chaque jour est toujours en état.

# CHAPITRE V

## DES CALQUES, DU REPORT ET DU TRACÉ

La planche étant ainsi préparée, le sujet à y graver peut
être de deux sortes : ou c'est l'eau-forte improvisatrice, alors
vous exprimez directement sur le cuivre votre pensée, en
tenant compte que l'épreuve vous donnera l'image renversée,
ou bien vous avez à traduire l'œuvre d'autrui ou simplement
encore à transporter une œuvre par vous préalablement
peinte ou dessinée. Dans le premier cas, cela va de soi, vous
dirigez votre pointe à même le vernis; dans le second cas,
vous employez les calques.

Les calques sont de deux sortes : le calque à double tracé,
sur papier végétal; le calque de report, sur couche de gélatine dite papier glacé.

Pour le calque à double tracé, on commence par calquer
directement le travail sur un papier végétal qu'on a bien
assujetti au sujet à reproduire, puis on enlève ce calque avec
précaution; on transporte ce calque *en le retournant* sur un
papier sanguiné ou plombaginé et l'on place le tout sur la
planche à graver. On assujettit bien et l'on repasse tous les

traits du dessin avec un crayon dur finement taillé ou une pointe à calquer en ivoire ou agate. Si l'on possède une presse d'essai, on peut reporter le calque d'un coup de presse; pour cela il suffit de calquer le dessin sur papier végétal et à la sanguine. On pose le cuivre sur la table de la presse, puis le calque, la face qu'on vient de tracer contre le vernis, on baisse les feutres avec précaution et l'on tourne la presse. Le dessin se trouve reporté sur le vernis avec une très grande exactitude, puisqu'il n'y a à craindre ni les hésitations de la main, ni le glissement du papier végétal qui peut toujours se produire et se produit presque toujours d'ailleurs lorsqu'on soulève le calque pour vérifier de temps à autre si l'on est bien en place.

L'emploi du papier glace donne le même résultat. Voici comment on opère : on assujettit bien le papier glace sur le sujet à reproduire; puis, à l'aide d'une pointe très fine ou d'une aiguille de graveur, on fait son calque en entamant légèrement le papier glace où l'aiguille s'enfonce d'ailleurs aisément. Au bout de quelque temps, l'œil est assez exercé pour suivre très aisément le tracé de l'aiguille; on peut toutefois le contrôler de temps à autre en introduisant un papier noir entre le papier glace et le dessin que l'on calque. Lorsque le tracé est entièrement terminé, on remplit le sillon de poudre de sanguine ou mieux de mine de plomb très fine prise au bout d'un tortillon de papier et qu'on repasse bien partout. Quand on est assuré que tout le tracé est bien rempli de mine, on essuie la surface du papier glace, on le retourne et on l'applique contre le vernis de la planche à graver, on le fixe encore avec soin afin qu'il ne glisse pas, puis on frotte toute la surface à l'aide d'un brunissoir imbibé d'huile de pied de mouton. Sous cette pression, la mine de plomb quitte les sillons du calque pour se reporter sur le vernis auquel elle s'attache ; on enlève le papier glace et l'on a ainsi le dessin retourné de son sujet.

En général, l'amateur ou le débutant n'attachent pas assez d'importance au calque et le considèrent trop comme un procédé matériel où l'art n'entrerait pour rien. C'est là une grave erreur. Faire un bon calque est une grosse difficulté et l'on ne saurait trop s'y exercer. Cela est si vrai que la plupart des maîtres commencent par faire exécuter à leurs élèves un certain nombre de calques avant de les autoriser à aborder le cuivre.

En effet, on ne doit point se contenter de reporter la silhouette du sujet à graver, il faut encore indiquer, par des hachures analogues à ce que sera la taille, les lumières et les ombres, les masses générales et particulières, enfin les détails eux-mêmes doivent être en place et le plus finement possible. L'exécution du calque prépare, d'ailleurs, admirablement l'artiste à son travail ; outre qu'elle fixe matériellement la forme, elle ouvre son esprit à l'œuvre qu'il traduit, car déjà il est obligé de se rendre compte du pourquoi de chaque coup de pointe sur le papier glace. Et que de précautions à prendre. Ce papier, extrêmement fragile et cassant par les températures sèches et surtout quand il est épais, s'échauffe sous la pression et la chaleur de la main ; il faut donc mener son travail d'une manière délicate, si l'on ne veut point qu'il se soulève ou se gondole en des vallonnements qui gêneraient le travail. Aussi faut-il se servir d'un appuic-main, autant que possible, et poser un papier blanc à l'endroit où l'on pose les deux doigts de la main gauche qui le tiennent, tandis que la droite procède au tracé. J'appelle toute votre attention sur l'importance des calques. Faites-en, faites-en beaucoup, et cela, même si vous voulez graver des œuvres originales. Quelque minutieux que soient vos calques, le cuivre laissera encore assez de marge à l'improvisation.

Pour l'amateur, et principalement le paysagiste, le dessin à la plume est également une préparation excellente et qui, d'ailleurs, lui rendra l'exécution du calque plus facile au début. Je dis au début, parce que si le contour donné à la plume, étant plus ferme, est mieux suivi par la pointe qui décalque, d'autre part, lorsque vous êtes au courant des travaux et sûr que votre pointe obéit bien à la pensée, la netteté du contour de dessous est moins nécessaire puisqu'il vous faut déjà interpréter par la pointe votre sujet, apprendre peu à peu comment il vous faudra traduire une touche d'aquarelle ou de peinture.

Enfin, il est un procédé qui est certainement appelé à rendre des services au graveur, c'est l'application directe sur le cuivre de l'œuvre à reproduire, par la photographie, procédé que certains héliograveurs mettent à la disposition des artistes. Mais ce moyen, qui supprime les premiers travaux du calque et du report, est un danger pour les commençants qui ont besoin de passer par toutes les étapes de l'eau-forte et dont l'esprit doit constamment être tenu en éveil. Supprimer le travail du calque et du report, et le remplacer par la photographie directe, c'est, à notre avis, risquer de perdre tout esprit d'initiative dans la recherche des formes et du dessin. En matière de gravure, tout procédé expéditif doit être réservé à l'artiste expérimenté qui seul peut juger ce qu'il doit en prendre ou en laisser.

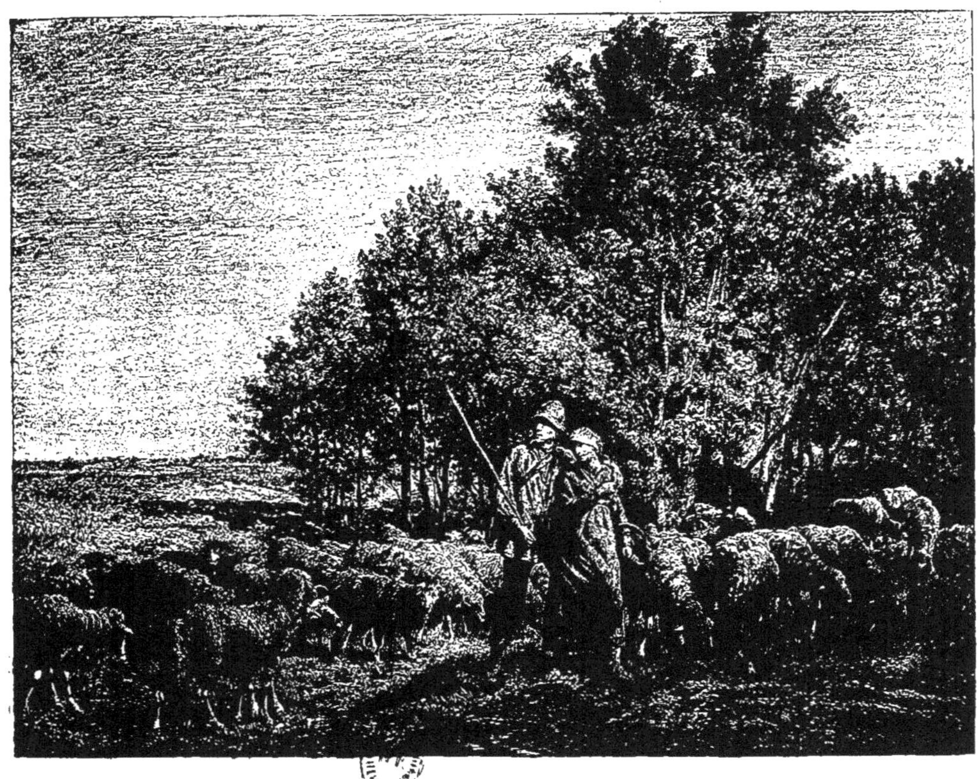

La Rentrée du Troupeau

# CHAPITRE VI

---

# L'ACIDE NITRIQUE

---

LA MORSURE. — GÉNÉRALITÉS.

Avant de faire mordre une planche, voyons théoriquement ce qu'est la morsure en général. Bien qu'une part de réussite soit laissée à l'imprévu, le graveur doit connaître la qualité de ses cuivres et celle de l'acide nitrique qu'il emploie. Un pèse-acide lui est, à notre avis, indispensable pour partir, avec l'acide, d'un degré de force qui lui soit connu. L'eau-forte, achetée généralement à 40 degrés, sera, pour une première morsure, baissée à 20 degrés par une addition d'eau ; cette opération ne peut se faire convenablement que dans l'éprouvette à l'aide du pèse-acide. Au jugé, il faut une grande expérience. Bien des graveurs vous diront que l'eau-forte réduite à 20 degrés est insuffisante et qu'ils l'emploient à 25, 30, 35 degrés ; le commençant doit s'en tenir à 20° lors de ses premières morsures : l'action plus lente de l'acide lui permet de suivre avec plus de précision le travail de la mor-sure, et si sa main, encore inexpérimentée, a parfois poussé la pointe trop vivement, entamé le métal plus qu'il ne convient, il peut arrêter la morsure avant les accidents.

En été, l'action de l'eau-forte est plus puissante qu'en hiver, surtout par les temps humides ; mais l'artiste peut, en ne faisant ses morsures que dans une pièce suffisamment chauffée, établir une égalité de température entre les différentes saisons qui lui permette d'opérer toujours de la même manière. La morsure se fait soit par couverture, soit par immersion. Aujourd'hui, les grandes planches seules sont mordues par couverture ; autrement, l'emploi de la cuvette en gutta-percha ou en porcelaine est préférable et d'un emploi plus propre et, par conséquent, plus agréable surtout pour l'amateur, s'il n'a point d'atelier spécial.

Donc, après avoir recouvert de vernis les marges et l'envers d'une planche, on la place dans la cuvette et l'on verse l'eau-forte en quantité suffisante pour bien recouvrir la planche, sans trop d'épaisseur toutefois ; puis, à l'aide d'un crayon placé sous le milieu de la cuvette, on agite celle-ci afin que l'acide ne dorme point sur le cuivre et que la morsure se produise sous l'action du va-et-vient de l'eau-forte ; si l'on négligeait ce soin, la morsure serait inégale et le bouillonnement qui se produit engendrerait des crevés ou l'élargissement des tailles. D'ailleurs, pour éviter cet accident toujours possible, même lorsqu'on agite constamment la cuvette, il faut avoir soin d'enlever les bouillons avec un vieux pinceau *ad hoc* ou une barbe de plume. D'autre part, lorsque, après avoir creusé le métal, les bouillons s'agglomèrent, ils empêchent l'action de l'acide qui ne fonctionne plus régulièrement, laissant derrière lui des taches et des traits interrompus et irréguliers.

La durée de la morsure dépend absolument de la nature du travail de l'artiste ; cependant, en règle générale, une première morsure doit être courte, on doit l'arrêter sitôt que, malgré l'ébarbage, on voit les bouillons se rapprocher par groupes, les traits fins doivent alors être suffisamment mordus, et si l'on ne s'en rend pas compte, on sort la planche qu'on presse au papier buvard après un abondant lavage à l'eau pure ; puis, avec un peu d'essence de térébenthine prise à l'aide d'un chiffon placé au bout de l'index, on enlève une petite partie du vernis : on voit alors comment le cuivre est attaqué. Pour les travaux d'une grande finesse, l'œil ne suffit pas, le graveur doit s'exercer à reconnaître la qualité et la morsure au toucher.

Telle est la première morsure qui, généralement, ne dure que quelques minutes, les plans les plus éloignés, si c'est un paysage, ou les gris clairs du ciel, ou les parties lumineuses et demi-teintes légères, si c'est une figure, n'ayant besoin que d'être très légèrement creusés par l'acide. On recouvre alors ces parties avec le petit vernis appliqué au pinceau et l'on procède à une nouvelle morsure, et ainsi de suite jusqu'à ce qu'on ait obtenu la gradation complète des valeurs du plus clair au plus foncé.

Pour les planches d'une très grande dimension, c'est le cuivre lui-même qui sert de cuvette ; pour cela, on borde la planche de cire à modeler, en ayant soin, lorsque les boudins de cire ont été appliqués sur les côtés, de chauffer légèrement le bord pour que l'adhérence soit parfaite. A l'un des angles, on pratique un petit évasement, de façon à faciliter la sortie de l'eau-forte lorsque la planche est suffisamment mordue. Les soins à donner sont les mêmes, il faut aussi agiter constamment l'acide durant la morsure.

Si le travail de la pointe et du burin est le sexe mâle de la gravure à l'eau-forte, la morsure en est le sexe féminin ; l'un donne la force et le dessin, l'autre le charme et la couleur.

Le calque, le tracé, le dessin à la pointe n'ont pas de secret
pour l'artiste ; il connaît sa force, sait exactement où il tend
et ce qu'il rendra. Mais la morsure est bien réellement la
partie passionnante de son art. A chaque coup, c'est l'inat-
tendu, insuccès ou réussite, aussi les reprises, les tours de
mains, les ficelles du métier, les trucs tout personnels abon-
dent-ils, et peu de graveurs à l'eau-forte consentent à laisser
pénétrer dans leur atelier, chacun tenant à garder pour lui
ses procédés et sa manière de faire. Cherchez donc vous
même, étudiez l'action de l'eau-forte et prenez des notes
à chaque opération, c'est le plus sûr moyen d'arriver un
jour à guider l'imprévu de la morsure et l'obliger à rendre
ce que vous voudrez qu'elle rende.

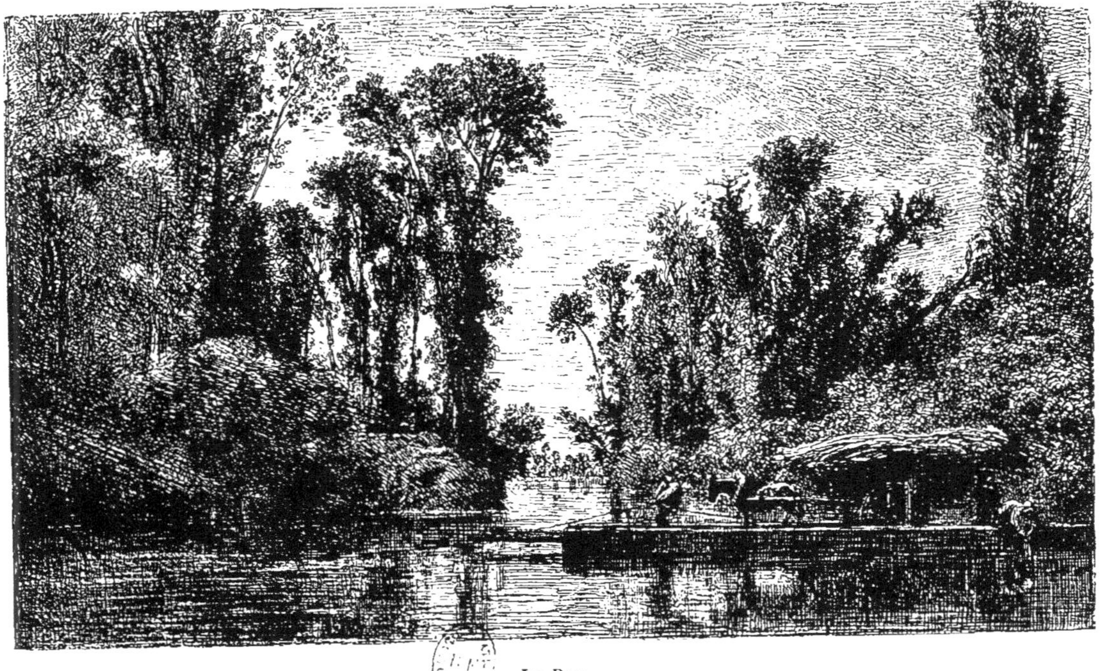

Le Bac

*Reproduction d'une eau-forte originale du Maître.*

# APPLICATION

---

*Leçon écrite, d'après Maxime Lalanne, avec annotations recueillies auprès de différents maîtres de la Gravure à l'eau forte.*

« Voici une planche, dit-il à son élève, je la nettoie à l'essence ; une fois bien essuyée, avec un linge fin, et à la rigueur après l'avoir épurée au blanc d'Espagne, je la prends avec l'étau par le bord, en plaçant un morceau de papier assez épais (de la carte bristol) sous les dents de l'étau, pour ne pas entamer le cuivre à la pression ; je présente l'envers de la planche à ce réchaud ; la flamme du papier (vieux journal froissé en forme de boudin) ou une lampe à l'esprit de vin servent également : quand la planche est suffisamment chauffée, je place à la surface polie cette boule de vernis ordinaire enveloppée de soie ; la chaleur la fait fondre. Si la planche est trop chauffée, le vernis bouillonne en se fondant, alors on attend un peu, car il brûlerait. Je passe la boule sur toute la surface du cuivre, sans l'inonder toutefois ; puis avec le tampon, je frappe dans tous les sens assez fortement et vite en commençant, de manière à bien étendre et égaliser la couche de vernis ; et en finissant, à mesure que le vernis se refroidit, j'appuie le tampon plus délicatement. Quand on remarque de l'inégalité et comme de petits points dans le vernis, c'est qu'il est trop épais ; on tamponne jusqu'à ce qu'on ait obtenu une couche parfaitement homogène ; elle sera mince, suffisante pour résister à de fortes morsures et permettra d'exécuter à la pointe des travaux très fins, ce qui serait difficile avec trop de vernis. »

Puis il passe à l'opération de l'enfumage, que nous avons décrite plus haut en détails suffisants.

« La planche ainsi préparée, on transporte la calque ; puis après avoir placé une glace devant sa planche, sur une table et le plus près possible, entre cette glace et la planche on met le modèle à copier, dont l'image se trouve ainsi reproduite à l'envers, soit dans le sens du tracé qu'on exécute, on commence le travail de la pointe.

« Voulez-vous copier une eau forte de Daubigny [1], œuvre pleine de charme et de couleur, d'un effet harmonieux ? Prenez une seule pointe, et maintenez votre travail serré pour les fonds et plus large pour les premiers plans ; ceci vous paraît paradoxal, l'acide nitrique vous renseignera sur ce point. Je vous indiquerai, quand votre planche sera mordue, les cas où vous agirez autrement, c'est-à-dire où vous devrez serrer ou élargir indistinctement dans les différents plans les travaux de la pointe. » Les traits indiqués paraissent larges : il suffit alors de poser à plat une feuille de papier végétal ou de papier glace, après avoir épousseté très légèrement avec un pinceau doux les parcelles de vernis enlevées par le passage de la pointe, et l'on voit très bien le travail.

« Continuez et suivez votre sentiment ; travaillez sans crainte de mal faire ; vous pourrez remédier à quelques erreurs : ainsi, si vous vous trompez, vous étendrez au pinceau une légère couche de vernis liquide sur la partie manquée, dans quelques instants le vernis sera sec et vous ferez le raccord. Vous aurez recours à ce moyen pour corriger un faux trait ou pour faire revivre une partie blanche que vous auriez couverte par mégarde. »

1. Max. Lalanne donne un dessin de Claude Lorrain.

Sitôt que votre tracé présente l'ensemble du modèle, que toutes les formes y sont indiquées ainsi que les masses principales et les valeurs, vous devez passer à sa morsure afin de vous rendre compte de ses effets le plus vite possible. Plus tard, vous pousserez plus loin les premiers travaux pour ne faire mordre que lorsque votre gravure semblera presque terminée, mais n'anticipons pas sur les enseignements de l'acide nitrique.

*Morsure.* — Nous plaçons la planche dans la cuvette qui contient l'acide nitrique réduit à 20 degrés et nous en suivons les effets tout en agitant la cuvette et combattant les bouillons comme il a été dit au chapitre précédent. Rappelons ici que l'acide neuf, même étendu d'eau, ne doit jamais être employé sans y avoir préalablement fait dissoudre quelques parcelles de cuivre. Il présente alors une couleur verte qui tourne au bleu à mesure qu'il s'affaiblit.

En règle générale, l'acide doit être employé fort lorsque la planche est peu garnie de travaux et plus faible lorsqu'elle est très couverte et qu'il y a de nombreux croisés de tailles, afin d'éviter les crevés non voulus. Toutefois il faut observer que les bouillons rapides et rapprochés, qu'il faut combattre pour que la morsure s'engage bien sur toute la planche, sont la condition absolue des accents. Quand nous jugeons le ciel suffisamment mordu, nous sortons la planche et la couvrons au pinceau à l'aide du petit vernis; « c'est surtout ici qu'il est important de joindre au petit vernis du noir de fumée, qui l'épaissit : car, s'il restait dans son état liquide, en effleurant les traits que vous devez réserver, il pourrait y pénétrer par l'effet de la capillarité, et en les obstruant, laisser une lacune dans les morsures qu'il s'agit de continuer. Attendez que le vernis soit bien sec, il demeurera mat sous votre souffle. »

Nous remettons la planche dans l'acide pour faire mordre

successivement les valeurs jusqu'au noir le plus intense. De temps à autre nous découvrons le vernis avec l'ongle ou un très petit pinceau imprégné d'essence pour voir l'effet de la morsure et nous recouvrons de petit vernis pour continuer. C'est ici que le commençant se rend compte de la nécessité d'un travail plus resserré tout en étant plus fin pour les plans éloignés, comme aussi des tailles plus larges et plus écartées pour les premiers plans et les vigueurs : en effet, « les fonds mordant très peu vous donneront un trait mince, tandis que pour les autres plans, la taille s'élargira sous l'action des morsures successives ; plus tard, à l'impression, une somme de noir y pénètrera proportionnellement aux valeurs que vous aurez voulu obtenir et vous aurez sur l'épreuve des tons variés, clairs et puissants, la gradation des plans, enfin. Il découle de cela que si vous étiez trop sobre de travaux dans les plans qui doivent mordre peu, vous n'atteindriez pas la valeur du ton que vous cherchez, et si vous serriez outre mesure les travaux des plans qui doivent mordre longtemps, vous auriez un ton noir et indécis, parce que les traits s'élargissant sous l'acide et par conséquent se rapprochant les uns des autres, finiraient par se confondre, et pour peu que la morsure se prolongeât, vous auriez ce qu'on appelle des *crevés*.

Il faut dans une eau forte faire la part de l'espace compris entre les tailles, car le papier blanc que l'on aperçoit entre les traits donne de la finesse, de la légèreté, de la transparence au ton, c'est le principal facteur de la lumière.

Accident produit par les bouillonnements de la morsure, le *crevé* est cependant un moyen d'effet et nombre de graveurs en tirent parti, principalement dans l'eau forte originale, celle qui nous préoccupe le plus : pour les feuillés, les masses sombres, les murs accidentés, les roches couvertes de mousses, la fonction des tailles par le crevé donne des intensités de noir et un imprévu de velouté souvent fort heureux. Mais il ne faut pas abuser de ce procédé ni laisser le crevé s'élargir, autrement le rouleau de l'imprimeur, ne pénétrant plus sur la surface aplatie et large du fond de ces tailles ainsi réunies, n'y dépose plus l'encre nécessaire ou si d'aventure l'encre prend en cet endroit des crevés, elle produit une large tache noire opaque, qui laisse sur l'épreuve une large tache blanche? Si vous avez dépassé la mesure, il n'y a pas à hésiter, il faut repolir l'endroit où l'accident s'est produit, rétablir le dessin par de nouvelles tailles et raccorder ce nouveau travail avec tout ce qui l'entoure par de légers frottis de pointe.

La reprise des travaux de deuxième état se fait le plus souvent au vernis ordinaire qu'on applique au rouleau, surtout si le travail du premier état est déjà suffisamment poussé en ce qui concerne l'ensemble de la planche. Elle se fait également avec le vernis appliqué au tampon, mais cela surtout lorsque les retouches à faire sont moindres, et seulement par place. Enfin l'on peut aussi employer le vernis blanc appliqué au pinceau, mais ce dernier moyen ne doit être utilisé, selon nous, que lorsque, la planche étant déjà très avancée, il s'agit d'y ajouter des travaux délicats. Enfin, lorsque ainsi partiellement toutes les retouches ont été faites, on dévernit la planche et l'on fait tirer une épreuve. Il est rare qu'en cet état l'eau forte ainsi obtenue ne demande encore une reprise générale en vue d'harmoniser tous les travaux. C'est alors qu'on emploie à nouveau le petit vernis mêlé de noir de fumée, qu'on étend au pinceau sur toute la surface. Beaucoup de graveurs ont remplacé le vernis blanc par ce dernier, propre à tous usages, en somme, aussi bien pour les retouches partielles lors des premières corrections que pour la reprise générale, la planche étant à peu près terminée.

La dernière ressource pour obtenir le fondu dans la finesse des lointains est la pointe sèche qui s'emploie sur le cuivre nu. Dans une eau-forte proprement dite, les travaux de la pointe sèche doivent être d'une grande franchise d'exécution, si fins qu'ils soient; pour cela, la pointe doit pénétrer le cuivre, l'entamer par une taille très nette et d'une profondeur égale à la valeur qu'on veut obtenir. La pointe sèche est d'un grand usage pour les ciels et les lointains. Le cuivre soulevé par la pointe doit être ébarbé au grattoir, autrement il se formerait une sorte de canal qui retiendrait l'encre de l'imprimeur et donnerait une épreuve pâteuse. Nous verrons toutefois que dans une estampe entièrement exécutée par ce moyen et qui se classe parmi les eaux-fortes sous le nom particulier de *Pointe-sèche*, l'artiste tire parti des barbes laissées par la pointe et se garde bien de les enlever, surtout dans les plans vigoureux, les barbes devenant alors un de ses principaux moyens d'action dans le procédé spécial qu'il emploie.

En résumé : pour augmenter les noirs de la planche, ou donner des accents, on emploiera le vernis à remordre, au rouleau; sur ce vernis on fera les couvertures nécessaires pour ne laisser mordre que les parties jugées trop faibles.

Pour remettre des travaux de diverses valeurs, on emploiera le vernis noir ou blanc posé en plein, c'est-à-dire de manière à boucher les premiers travaux. Ces travaux de remorsure ou tailles nouvelles superposées aux anciennes doivent conduire la planche jusqu'au moment où elle est franchement établie et présente un parti pris de lumière et d'ombre.

Il ne reste plus alors qu'à fondre et retirer certaines parties, c'est le moment d'employer sur le cuivre nu la pointe sèche

destinée à produire des gris très fins, à envelopper les travaux
de l'eau-forte, et le burin pour continuer certaines tailles

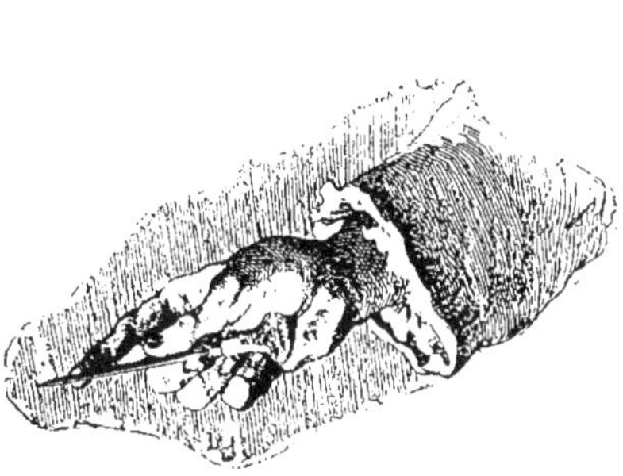

Tenue du burin dans la main.

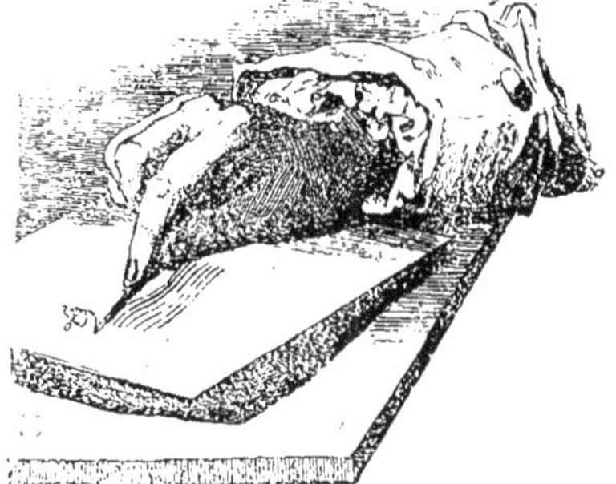

Tenue du burin employé aux retouches.

mordues, mais il faut user de ce dernier outil avec une grande
sobriété.

Enfin le brunissoir bien employé est un excellent moyen
de donner à la planche sa *fin finale*, permettant de fondre dans
la lumière les travaux qui s'arrêtent un peu trop durement.

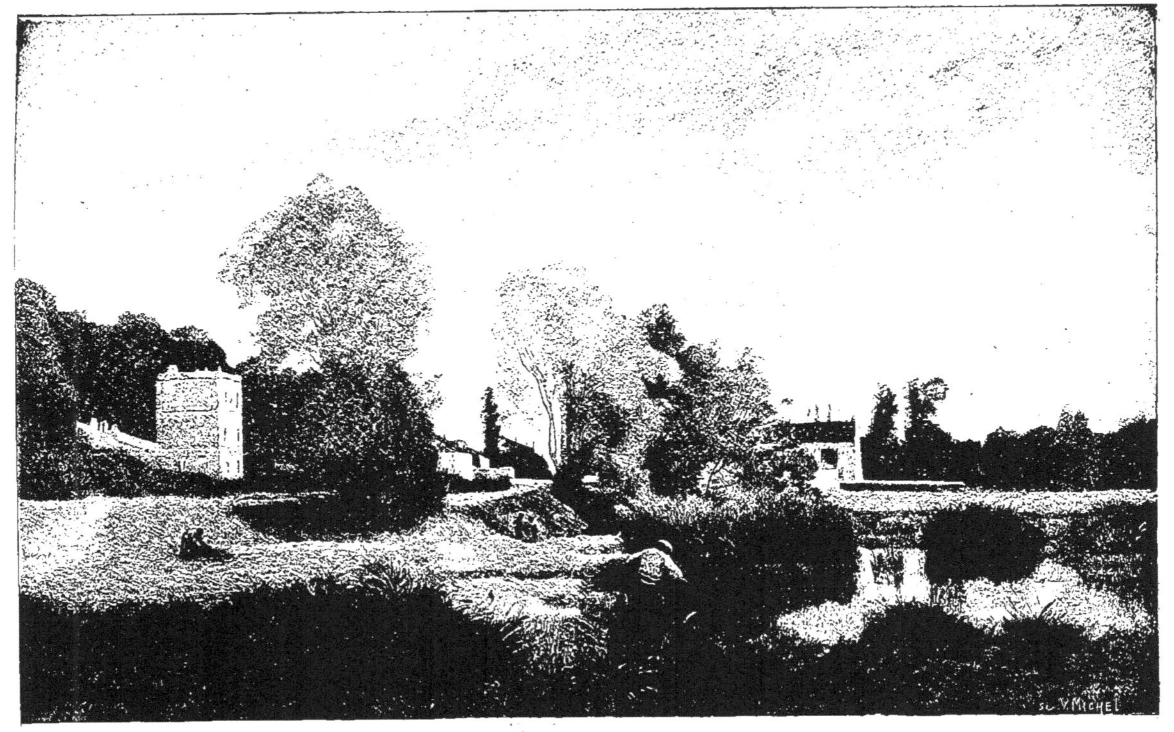


L'ÉTANG DE VILLE-D'AVRAY, d'après Corot.

# CHAPITRE VII

# GÉNÉRALITÉS SUR LA MORSURE
## ET L'EXÉCUTION

DU CIEL — DES FONDS — DES DIFFÉRENTS PLANS

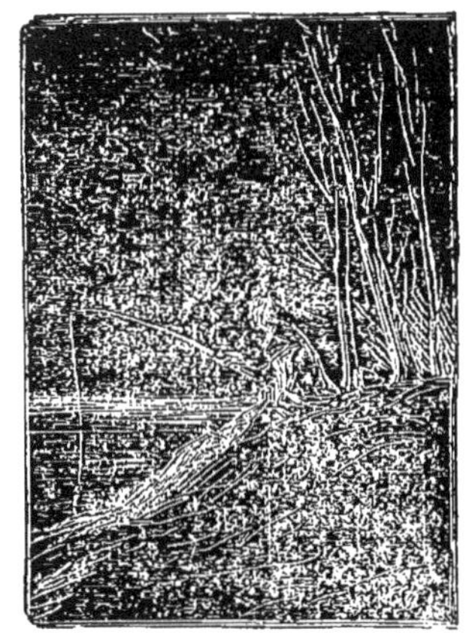

« On peut, dit Cochin, dans la gravure à l'eau-forte, tirer un grand parti de la morsure; ainsi une planche gravée d'un ton égal et uniforme pourrait être amenée à l'effet par le seul fait de la manière dont la morsure aurait été dirigée. »

En effet, d'après ce qui précède, on a vu que déjà la morsure à plat agit diversement selon la nature des travaux : mais quelle variété le graveur peut obtenir, en se servant des couvertures au vernis! On verra plus loin que le graveur d'aqua-teinte se sert du pinceau pour faire mordre par des touches d'acide. Or, dans l'eau-forte à la pointe, le même procédé peut être employé, comme aussi les couvertures partielles au pinceau à l'aide duquel l'artiste étend le vernis liquide par petites touches sur lesquelles il revient en tailles infinies, ce qui l'habitue déjà à se jouer des valeurs et lui fait obtenir une variété de travaux que l'imprévu de la morsure vient encore augmenter. C'est la multiplicité des moyens obtenus par ces deux seuls facteurs, l'acide et la pointe, qui fait la verve endiablée dont parle de Goncourt. Nous l'avons dit, il n'y a point de théorie spéciale pour la conduite de la morsure, et ce que nous avons indiqué jusqu'à présent n'est qu'une initiation au mode d'emploi dès les premiers exercices. C'est par une observation constante de ses effets que l'artiste peut en connaître toutes les ressources, et les utiliser aussi bien dans la reproduction de l'œuvre peinte que dans la composition originale.

Pour cette dernière, extrêmement intéressante et la plus pratique au point de vue de l'amateur, je conseillerai d'étudier très particulièrement les œuvres de Daubigny, de Charles Jacques et de Max. Lalanne. Paysages purs, ou d'aspect décoratifs, paysages animés et scènes champêtres, sont en effet les sujets qu'on aborde le plus souvent et ceux qui retiennent le graveur moins longtemps sur une planche, ce qui est à considérer, puisque beaucoup délaissent la gravure à l'eau-forte par suite d'occupations multiples, trouvant le travail trop éloigné du résultat final. Avec Daubigny, c'est l'improvisation imprévue, faite d'un sentiment pictural exquis sans préoccupation de métier; Charles Jacques montre au contraire dans ses eaux-fortes une connaissance profonde des procédés qu'il applique en les réduisant à leur plus grande simplicité, de sorte qu'ils disparaissent à l'épreuve; qu'il travaille de primesaut ou traduise une de ses œuvres peintes,

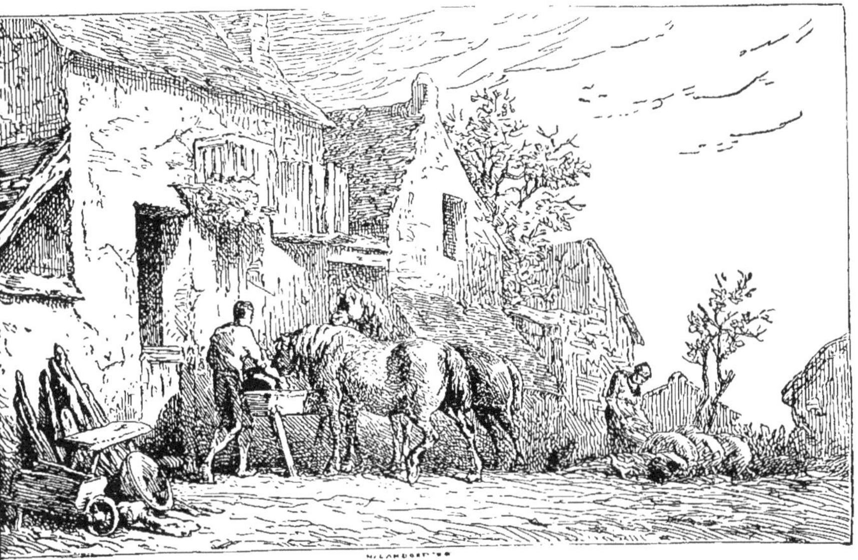

La Ferme. — Premier état.

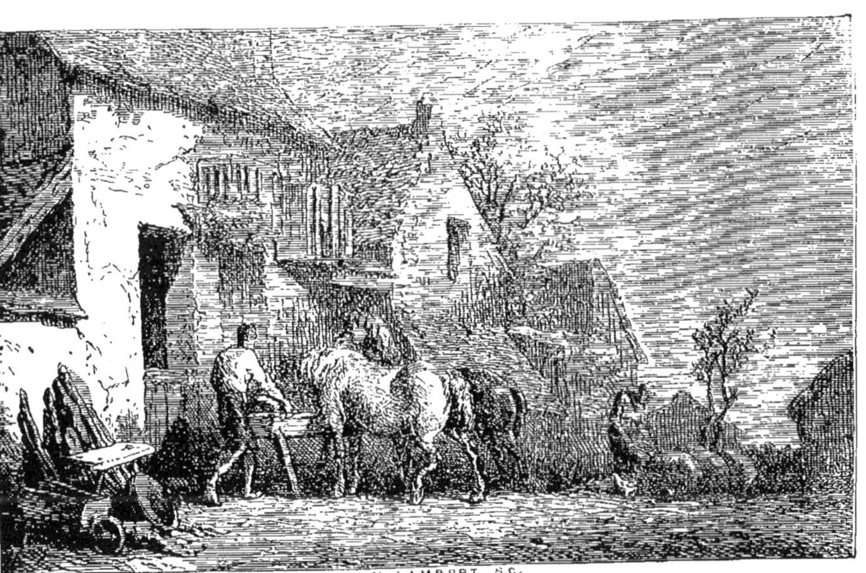

La Ferme. — Épreuve terminée.

son eau-forte garde son charme propre et semble toujours une improvisation, mais, s'il improvise, il accentue ce qu'il veut dire, précise nettement chaque forme, et s'il charme le spectateur et le retient longuement l'épreuve à la main, il ne l'autorise jamais à substituer sa pensée à la sienne. Maxime Lalanne enfin est d'un excellent enseignement, quoiqu'on sente un peu trop chez lui la préoccupation constante du procédé : aussi est-ce surtout à ce point de vue que j'en conseille l'étude ; la finesse de ses plans de fonds, la recherche des valeurs, la précision du dessin font de ses eaux-fortes des croquis charmants ; mais nous devons dire que, pour les grandes pièces de ce maître, le principe d'attaquer peu le cuivre de la pointe a parfois retenu l'acide en son énergie et cela au détriment de la volonté, de la fermeté de l'œuvre. — Enfin, il est parmi les contemporains un maître dont on ne saurait trop étudier l'œuvre par le menu, c'est Th. Chauvel, dont l'exquise poésie de pointe a seule pu rendre avec une fermeté rare la poésie de notre immortel Corot. Fidèle à la touche picturale du peintre, Chauvel conserve une indépendance, une personnalité de graveur qui font de ses œuvres de véritables originaux empreints d'un caractère très particulier, d'un style qui touche de très près la gravure au burin, dépassant celle-ci de beaucoup, à notre avis, par le charme des modelés, le fondu des teintes, la poésie enfin, que le burin, confiné dans la rigidité de sa taille, ne saurait rendre, quelque habile que soit d'ailleurs la main qui le tient. Aussi est-ce d'après les planches de « l'Etang de Ville-d'Avray » gravées par Chauvel, d'après Corot, et celle de « Solitude », d'après Daubigny, que nous poserons les principes d'exécution de l'eau-forte en matière de paysage.

Th. CHAUVEL

EXÉCUTION ET MODELÉ DU CIEL

Extrait conforme de l'eau-forte du Maître, « l'Étang de Ville-d'Avray, » d'après Corot.

Exécution du Ciel — Agrandissement des tailles et du modelé.

*Extrait de la planche du Maître, « l'Étang de Ville-d'Avray, » d'après Corot.*

## DU CIEL

Il y a deux manières très distinctes de traiter le ciel à l'eau-forte, qui sont le trait et le modelé. Le trait donne simplement l'indication des formes générales et du mouvement, la taille en est toujours mordue quoique plus légèrement, et la pointe coupante, entamant le métal, affirme la pensée de l'artiste. Mais ce mode de procéder s'applique surtout à l'eau-forte originale en forme de croquis. Aussi est-il indifférent de commencer par le ciel ou de l'indiquer seulement après que le paysage est fait, car en admettant même que les tailles légères qui le composent viennent çà et là recouvrir quelque silhouette, cela est assez indifférent, plutôt même favorable, pour marier le ciel au reste du paysage, sans que la morsure très légère donnée à ce dernier travail puisse augmenter outre mesure les valeurs générales. Tout autre est le ciel modelé, dont la conduite est peut-être la partie la plus difficile d'un paysage, puisqu'ici, comme en peinture, la réussite de l'œuvre en dépend de la manière la plus absolue. Aussi la plupart de nos graveurs traitent-ils les ciels presque exclusivement à la pointe sèche qui, dirigée avec plus de sûreté, donne des finesses que n'atteindrait pas la morsure. La grande difficulté, dans un ciel d'une certaine importance, est d'établir un ton de fond ; . que la nature le présente gris ou bleu, la jonction des tailles losangées qui doivent constituer le ton de fond demande une étude toute spéciale. Si l'on y emploie l'eau forte et qu'on exécute le ciel avant le paysage, ce qui est plus prudent, puisque, en cas d'insuccès, on n'aura que cette partie à refaire, sans risquer de tout compromettre ; c'est alors le cas de se servir de pointes émoussées ou très peu coupantes, afin d'avoir plus de finesse avec l'acide ; mais on ne doit cependant pas oublier que, lorsque le cuivre n'est pas entamé, la morsure a une tendance à élargir le trait. Les lumières et les blancs doivent être obtenus par des réserves, pour plus de netteté ; toutefois, le grattoir et le brunissoir rattrapent aisément les parties oubliées.

LES FONDS

Plus les plans sont éloignés, plus la taille doit être rapprochée ; cela semble singulier au premier abord, mais, à l'observation, on se rend compte très vite que les tailles rapprochées et légèrement mordues s'estompent au tirage et donnent un gris. Aussi le rapprochement des tailles doit-il être en raison inverse de la morsure, c'est-à-dire de la valeur même du ton à obtenir. Si l'on veut donc un fond très clair, on rapprochera beaucoup les tailles, très finement conduites, et l'on fera mordre très peu ; si les fonds sont au contraire vigoureux, comme il arrive par certains effets, on distancera davantage les tailles et l'on fera mordre un peu plus ; mais, en ce dernier cas, les tailles doivent toujours être très légères, afin de s'estomper au tirage, si l'on veut, malgré la valeur vigoureuse ainsi obtenue, donner la sensation des plans éloignés. Canaletti, dont les œuvres sont aussi à étudier très sérieusement lorsque l'on commence, parce que c'est le maître qui le plus peut-être a précisé la conduite de sa pointe et rendu très intelligible l'action de la morsure, ne s'est pourtant pas conformé à ces principes, tant pour le ciel que pour les fonds. Et pourtant ses ciels, rendus par un tracé de longueur à la pointe, en une régularité dégradée de valeur de haut en bas, sont pleins d'air et de profondeur, et ses collines de fond, ses arrière-plans, bien qu'exécutés à l'aide de tailles assez écartées, sont bien à leur place et à distance suffisante. Cela tient au *sens* de la taille toujours dirigé, toujours maintenu dans le *sens* de la forme qu'indique la nature elle-même. Ce principe, Canaletti l'a merveilleusement appliqué sans y déroger jamais. On y observe, en effet, que le ciel et l'eau fuient toujours dans le sens horizontal ; que les murailles sont exécutées par une taille qui suit toujours les règles de la perspective la plus exacte, non seulement dans les directrices générales, mais jusqu'au moindre trait compris entre ces directrices. Ses petites figures sont également rendues par un coup de pointe qui suit la forme indiquée par le mouvement de la nature. Aussi, bien que les eaux-fortes de Canaletti ne présentent point le modelé qu'on voit aujourd'hui, ni les teintes fondues que nos aquafortistes modernes obtiennent avec tant d'art, calculant avec habileté le coup de main de l'imprimeur, ces eaux-fortes, dis-je, ont une puissance extraordinaire, grâce à des procédés d'une simplicité telle qu'on les analyse sans difficulté au premier coup d'œil.

### PREMIERS PLANS

D'après ce que nous venons de dire, les premiers plans, terrains, pierres, etc., seront gravés par des tailles fermes et suffisamment écartées ; la pointe entamera sérieusement le métal partout où la vigueur du ton demande une morsure énergique, et c'est ici que l'emploi des crevés, habilement repris au burin, afin d'y retenir l'encre de l'imprimeur, est surtout utile. Dans le ciel, les premiers plans, c'est-à-dire la partie supérieure ou zénith, seront également traités par une pointe plus ferme ; il en sera de même pour l'eau qui, tranquille, sera rendue par de longs traits horizontaux croisés de tailles

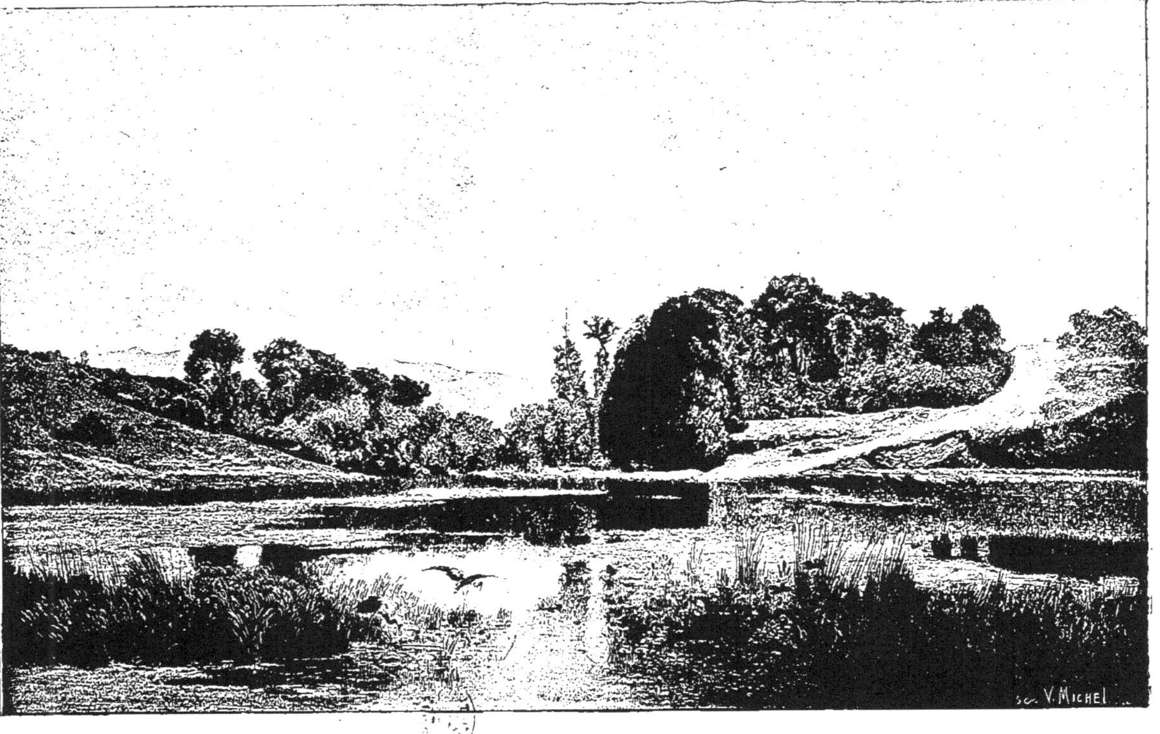


L'ÉTANG, d'après Daubigny.

verticales pour les reflets, et sillonnée, lorsqu'elle est courante, de petits accents espacés en forme courbe dans le sens du flux. On le voit, ce mot du *sens* des choses revient à chaque instant sous notre plume : c'est qu'en effet, c'est le principe d'exécution le plus important, celui dont aucun maître ne s'est écarté ; bien qu'on ait pu dire que le génie ne suit point de règles, c'en est là une presque absolue, à laquelle le génie lui-même s'est plié, sans contrainte d'ailleurs, tant elle est naturelle et normale.

Th. CHAUVEL

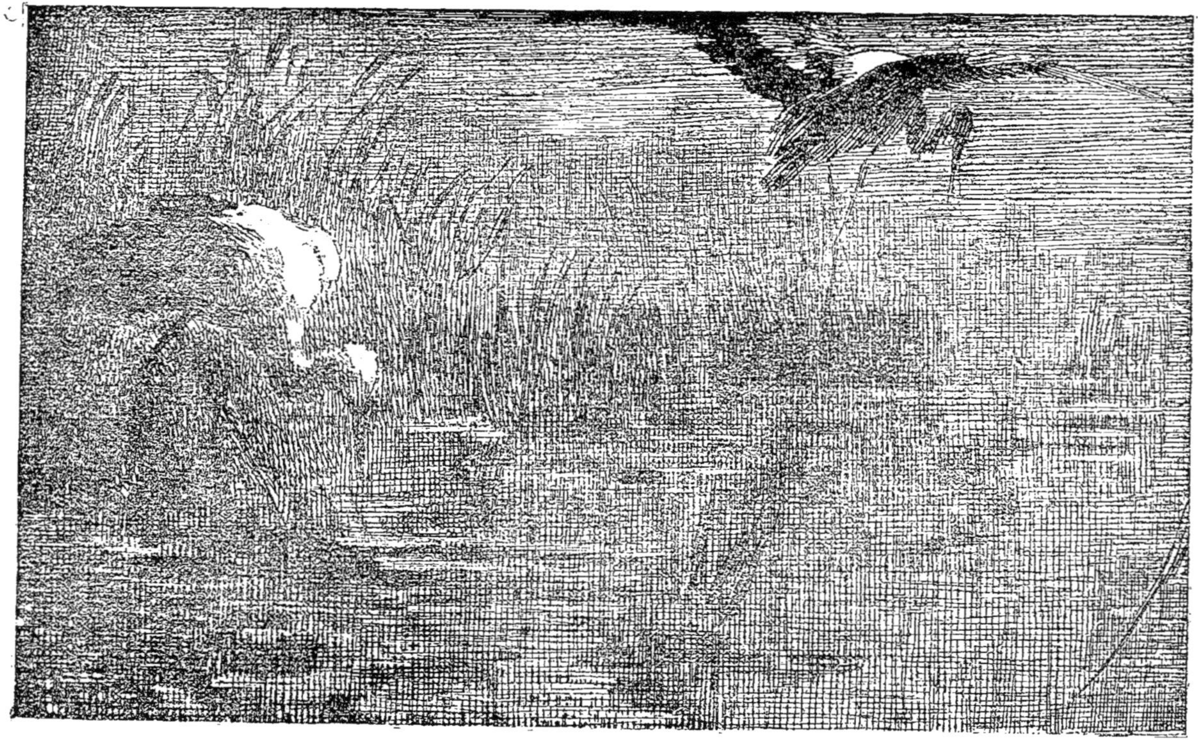

Agrandissement des tailles.

Fragment d'après l'eau-forte du Maître, « la Mare », d'après Daubigny.

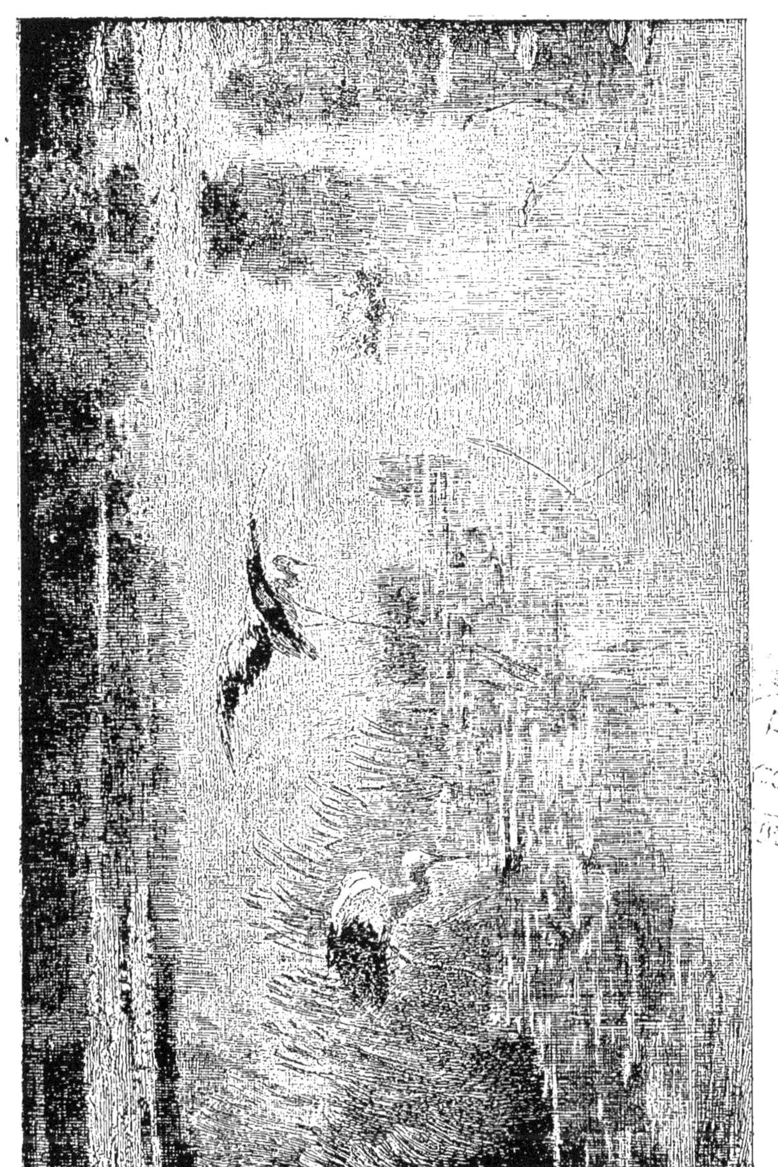

TH. CHAUVEL

Extrait conforme de la planche du Maître, « la Mare, » d'après Daubigny.

KARL ROBERT. — *La Gravure à l'eau-forte.*

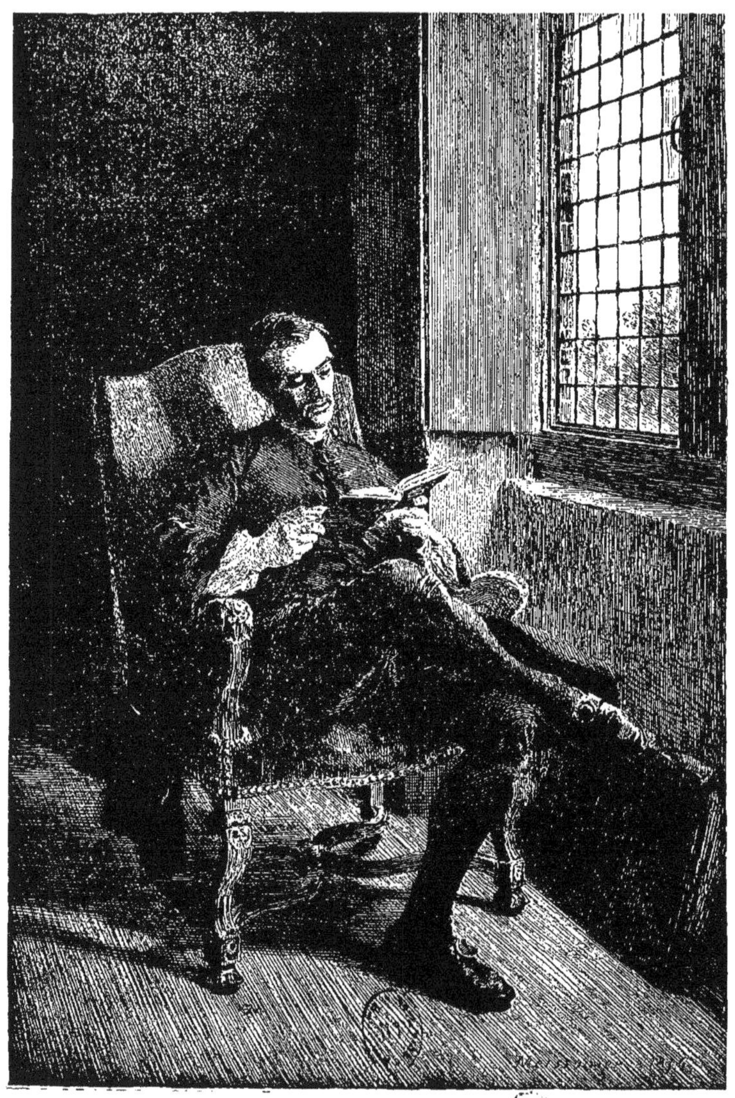

Le Liseur

# CHAPITRE VIII

—

# LE PORTRAIT ET LE GENRE

—



Les procédés de l'eau-forte sont les mêmes pour tous les sujets, qu'il s'agisse d'un portrait, d'un paysage ou de l'interprétation d'une scène de genre. Toutefois, on doit reconnaître que la conduite du travail doit être plus sage lorsqu'il s'agit de rendre la figure humaine, car on n'aura point les ressources du hasard *qui fait bien*. Tout y doit être prévu s'il s'agit d'une création ; tout doit être rendu si l'on traduit une œuvre peinte. Le plus généralement, l'amateur sera tenté par le portrait d'homme, d'après le document photographique qu'il fera faire devant lui, selon son tempérament et son goût, pour éviter toute banalité. Il ne faut pas se dissimuler que les portraits de femmes et d'enfants, qui trouvent dans les colorations délicates de l'aquarelle et du pastel des interprètes charmants, sont d'une extrême difficulté pour l'aquafortiste. L'incisive précision de la pointe rebute à rendre l'indéfini qui fait le charme des contours féminins ; il faut recourir aux procédés de la pointe sèche, du vernis noir et de l'aqua-teinte, pour avoir un modelé suffisamment doux et bien en rapport avec celui de la nature.

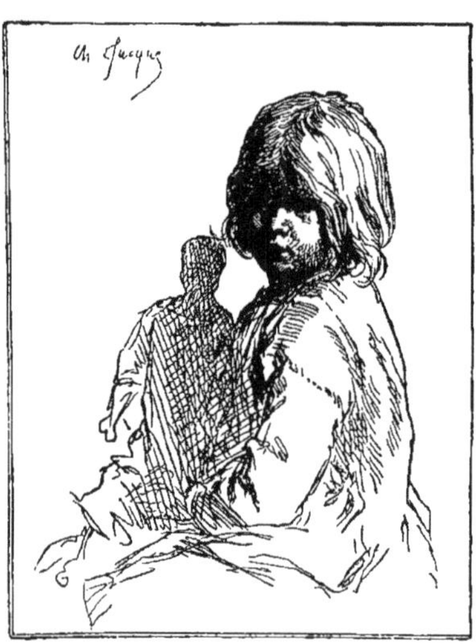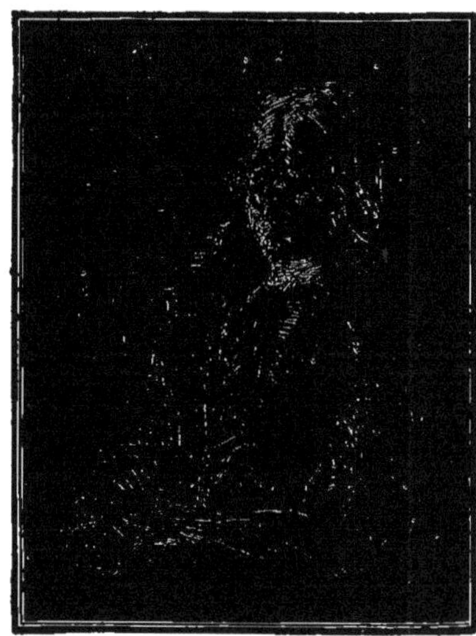

EXÉCUTION D'UN PORTRAIT — GÉNÉRALITÉS

La première et la plus importante opération est celle du calque dont l'exactitude ici doit être rigoureuse ; quelle que soit l'œuvre originale, le dessin sur lequel le calque est pris doit être ferme et de contours voulus, plutôt heurtés que doux, afin que toutes silhouettes s'accusent, que toutes formes s'imposent, sans risque d'être amollies par l'opération du report et les travaux consécutifs. De ce calque dépend la réussite de la gravure ; il est donc de toute nécessité que le dessin en soit cherché et fouillé, pour ainsi dire, jusqu'en ses moindres détails, car la gravure ici doit avant tout être considérée comme œuvre de précision, s'il s'agit de traduire à l'eau-forte une œuvre peinte, dont il faudra rendre l'esprit et la touche même. Aussi, doit-on avoir soin d'indiquer de suite le sens des travaux et surtout de bien établir les plans et la limite de l'ombre et de la lumière.

Le calque étant fait et réussi, l'exécution ainsi soignée ayant déjà mis en l'esprit les formes exactes du sujet à reproduire, il n'est pas nécessaire de le suivre au transport, trait pour trait : on en tracera toutefois le plus exactement possible les contours et tout ce qui constitue le dessin, puis les masses d'ombres par un travail régulier et bien dans la forme, en tenant compte des règles de la perspective pour les parties fuyantes et les raccourcis qui peuvent se présenter.

Il faut déjà, dans ce premier travail, que la pointe soit conduite de façon à donner pour les cheveux une exécution souple et soyeuse, ferme ou molle pour les chairs, suivant que celles-ci reposent sur des parties osseuses ou non ; enfin, que les étoffes en diffèrent par des coups de pointe libres et variés.

Lorsque le travail du premier état est terminé, c'est-à-dire, lorsque tout est parfaitement indiqué soit dans l'ombre, soit dans la lumière, on procède à la morsure.

Il faut laisser mordre d'abord légèrement l'ensemble de la planche. Aussitôt qu'on est certain que tout est mordu, on couvre au vernis les travaux faits dans la lumière, auxquels on ne veut donner que l'importance d'une indication légère au crayon ; cela fait, on remet la planche dans le bain et on laisse mordre un certain temps, de manière à doubler à peu près la valeur de la première morsure.

On couvre alors les parties intermédiaires, de manière à réserver franchement le parti-pris d'ombre qu'on veut obtenir sur le portrait.

On remet dans le bain pour la troisième fois, et on laisse mordre un temps suffisant pour que les tailles aient pris une importance double de celle de la seconde morsure et triple de la première.

On peut alors dévernir la planche et l'on a le premier état, dont il est urgent de faire de suite tirer une épreuve. Nous disons de suite, parce que plus la comparaison de cette épreuve avec le dessin original est rapprochée des premiers travaux et des morsures, meilleures sont les observations qui en résultent, et les causes de défectuosités pratiques, s'il en existe, apparaissent plus nettes à l'esprit.

Le dessin doit être correct, l'aspect général bien en valeur, mais il peut subsister des lacunes ou des duretés ; en plus, il y a toujours un certain décousu dans les travaux de premier état.

Pour terminer une gravure, portrait ou autre, ce sont toujours les mêmes principes : ou bien il faut retirer des travaux, en diminuant leur importance à l'aide du brunissoir, afin de mieux laisser voir et dominer les travaux utiles, ou bien il faut en ajouter de nouveaux ; l'étude comparative du modèle et de l'épreuve de premier état est le seul guide en ceci, d'autant plus que, presque toujours, les deux moyens devront être employés simultanément.

Après avoir constaté que tout est bien en valeur, on devra relier les ombres aux lumières, à l'aide de la pointe sèche, de façon que les partages deviennent insensibles ; on peut, pour cela, continuer finement les premières tailles en les prenant par l'une de leurs extrémités et les perdre en mourant dans les tailles voisines.

On peut également ajouter de nouveaux travaux croisés ou intercalés longitudinalement. Le portrait sera terminé, lorsque rien dans la masse de lumière ne viendra heurter l'œil et que les ombres bien dessinées seront parfaitement douces à leur passage dans la lumière.

Le burin peut être employé, mais très sobrement, conjointement avec la pointe, soit pour aider à la transition entre l'ombre et la lumière, soit pour quelques traits de force dans les vigueurs. Enfin, si quelque noir plus intense est nécessaire lorsque toutes les ressources sont épuisées, on peut encore recourir à une dernière morsure, au moyen de laquelle on peut également redonner de la fraîcheur à une planche trop fatiguée par le travail de l'outil. On fait alors tirer quelques épreuves de l'état définitif, afin de s'assurer que l'œuvre est bien complète, qu'elle est bien et suffisamment modelée, que tous les travaux y sont fondus et que plus n'est besoin de quelque retouche de pointe sèche.

### APPLICATION

Notre maître, M. A. Mongin, a bien voulu exécuter pour nous le portrait en deux états que nous donnons pour type; suivons le pas à pas dans la conduite de ce travail :

*Premier état.* — Le calque sera fait comme il a été dit, avec soin, accusant bien la construction générale, précisant le dessin des contours extérieurs qu'on repasse aussi franchement que possible ; puis on massera les cheveux qui s'enroulent légèrement autour de la tête, donnant bien la taille dans le sens des mèches et la différence de l'éclairage ; de même pour les chairs qui, devant être peu mordues, seront exécutées par une taille simple dans la lumière et croisée dans les ombres.

La cravate, accessoire ici fort important comme valeur, sera d'une taille souple, allongée, afin de produire la sensation du flou d'une étoffe légère.

Le reste des vêtements sera rendu par une taille libre et longue, croisée dans les accents.

*Morsures du premier état.* — La planche étant ainsi gravée, on fera mordre légèrement, ce qu'on nomme « *aux premiers bouillons*; » puis on couvrira la cravate pour remettre dans le bain et l'on fera remordre les cheveux et les chairs qu'on couvrira ensuite pour une troisième morsure, destinée seulement à accuser les vêtements.

On le voit, la cravate est la valeur la plus légèrement mordue, tandis que les vêtements seront attaqués par l'acide durant les trois morsures, et leur vigueur est encore augmentée par le croisement des tailles.

*Dernier état.* — Pour terminer le portrait ainsi préparé, on revernira la planche au rouleau et l'on fera remordre les parties faibles, après avoir recouvert à nouveau, au petit vernis, celles qui n'en ont pas besoin :

1° Le vêtement de dessus et le gilet qui ne se détachent pas assez de l'ensemble;

2° L'œil du même côté sous l'arcade sourcilière;

3° Le front dans la partie d'ombre afin de masser le haut de la tête;

4° Les cheveux sur le haut de la tête et du côté de l'ombre;

5° Le coin de la bouche dans la lumière pour lui donner plus de fermeté.

Cette remorsure générale faite, il faut reprendre à l'outil les chairs, en vue de les colorer, en reliant la lumière à l'ombre, de manière à rendre les cheveux légers par rapport aux chairs.

Ce travail sera poussé aussi loin que possible, en ménageant la lumière, en ramenant les modelés vers les parties dans l'ombre et en affirmant les accents et les reflets dans cette ombre.

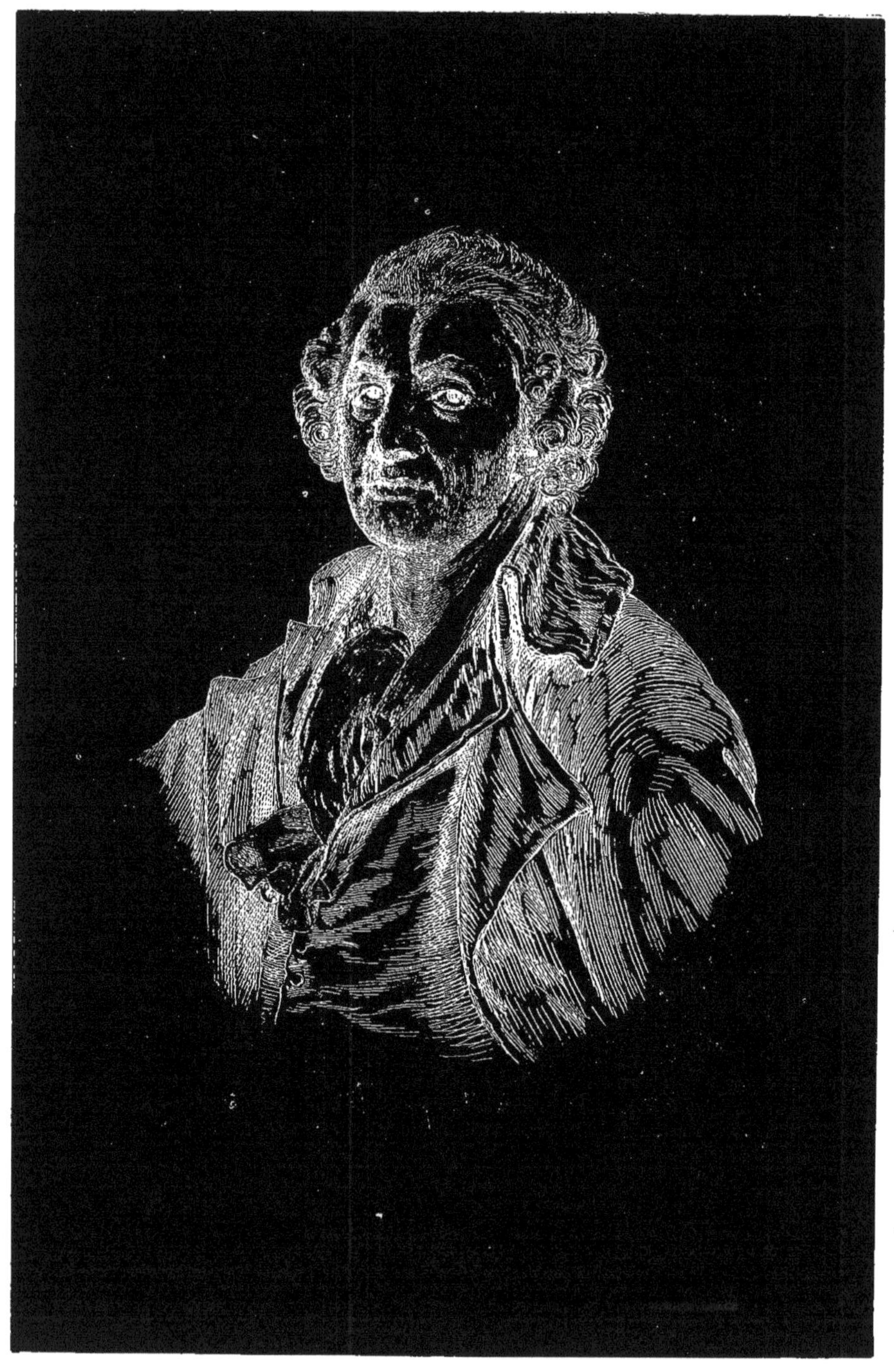

PORTRAIT DE J.-B. GREUZE

*Fac simile du cuivre gravé par l'artiste.*

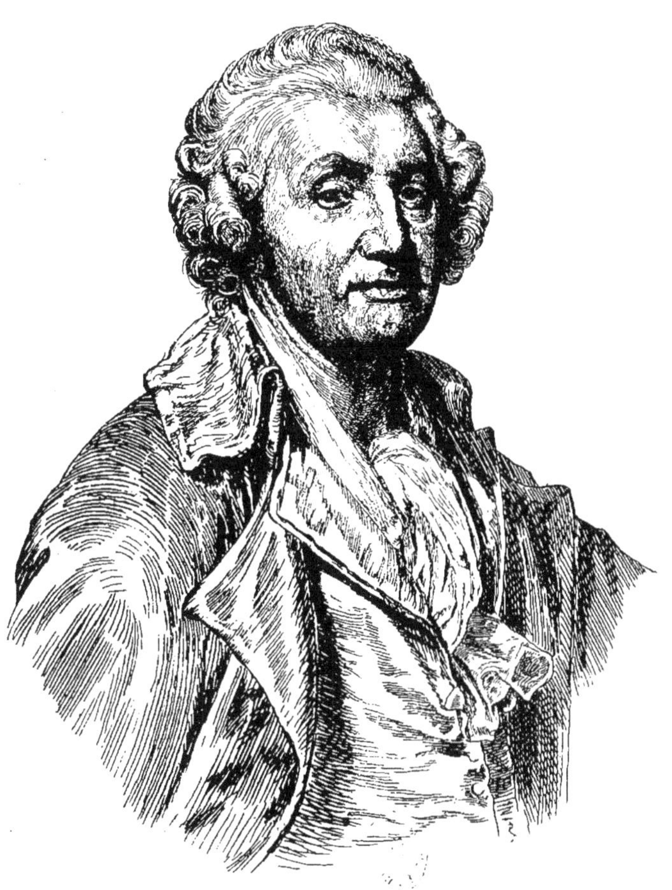

Épreuve d'état définitif. (Estampe terminée.)

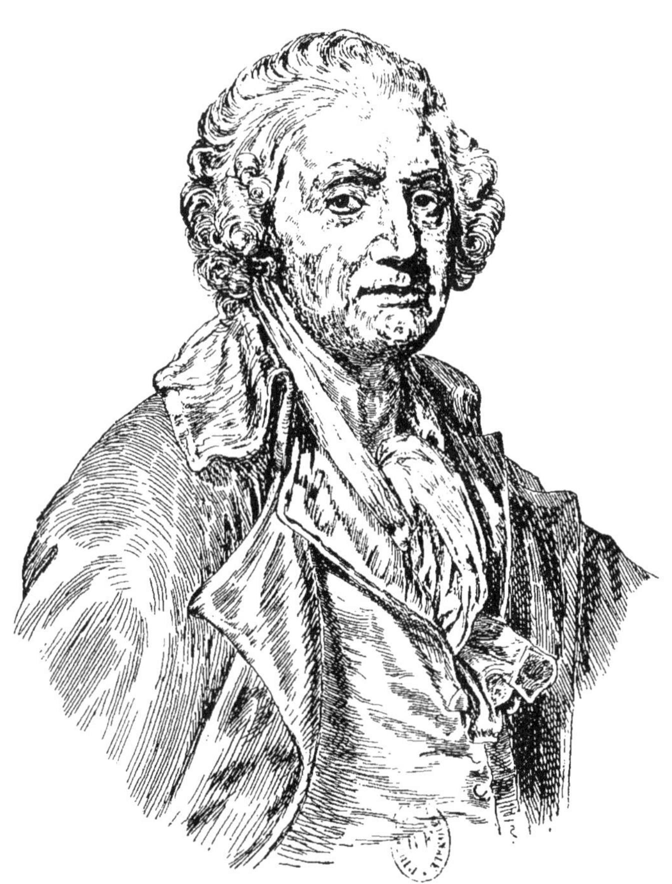

Epreuve du premier état.

La cravate sera laissée légère et peu travaillée.

Les vêtements seront terminés à l'eau-forte, afin de bien établir la différence de nature et de qualité entre eux et les autres travaux, ceux qui rendent les chairs et les cheveux.

Dans l'épreuve terminée, toutes les interruptions de tailles ont dû disparaître ; les ombres doivent se fondre dans la lumière par des demi-teintes légères. Si quelque dureté subsiste encore, la pointe sèche en aurait raison, comme le burin ajouterait aux vigueurs ; enfin une dernière remorsure pour les ombres, si les fermetés sont venues un peu dures par le creusement des tailles et ont besoin d'être fondues en teintes.

On voit, par cet exemple, que les principes généraux ont été scrupuleusement respectés ; il doit en être ainsi lors des premiers essais, car l'amateur ne pourra s'en écarter qu'après un certain nombre d'exercices et lorsqu'il aura acquis une expérience suffisante.

Je ne voudrais pas ici faire une digression sur les maîtres du portrait à l'eau-forte, ceci est du ressort de l'histoire et nous entraînerait trop loin. L'amateur qui veut faire le portrait doit évidemment en voir beaucoup d'abord, observer la marche du travail chez les différents artistes qui les ont traités avec talent et, par dessus tout, étudier l'œuvre de Rembrandt, le génie même de l'eau-forte. Oh ! ce n'est pas qu'il faille chercher à l'imiter, loin de moi cette idée, je pense qu'en art ce qui est excellemment rendu n'est plus à chercher, et bien que l'œuvre du grand Hollandais soit de tous les temps, le graveur d'aujourd'hui doit répondre à des besoins tout autres de modernité. Mais il apprendra, dans la contemplation des œuvres du maître, quelle préoccupation constante doit le tenir dans la recherche de l'effet, quelle précision de forme il doit imposer à sa pointe, s'il veut fixer sur le cuivre une œuvre durable. Et à ce point de vue, l'œuvre de Tiepolo est également à étudier. Pour les sujets de genre, nos maîtres du xviii<sup>e</sup> siècle présentent les meilleurs enseignements. On trouvera toutes références à cet égard dans l'excellent ouvrage des de Goncourt, et l'un de ces maîtres, Cochin, a laissé des conseils écrits que nous croyons devoir relater ici.

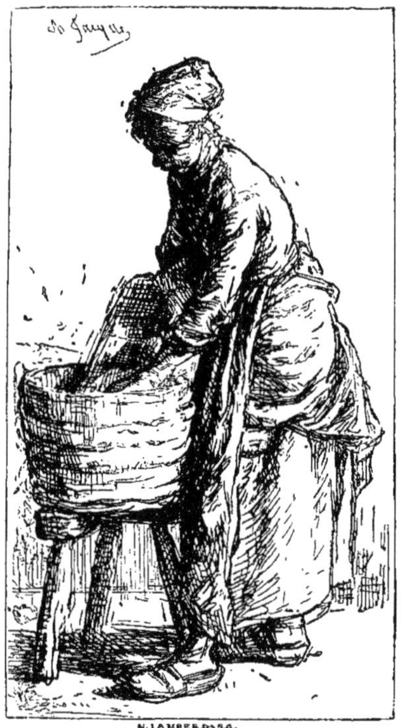


La gravure diffère du dessin en ce que, dans celui-ci, on commence par préparer des ombres douces et frapper ensuite les touches par dessus, au lieu que, dans la gravure, on met les touches d'abord, après quoi on les accompagne d'ombres, parce qu'on ne rentre point les tailles sur le vernis qui n'a pas assez de résistance pour assurer la pointe, et faire qu'elle ne sorte pas de traits déjà faits. Il n'est pas nécessaire de dessiner partout à la pointe le trait de ce qu'on veut graver, avant de l'ombrer, parce qu'il pourrait se trouver, dans la suite de l'ouvrage qu'on aurait tracé, des endroits où il n'était pas à propos de le faire ; on peut donc tracer, par petites parties, à mesure qu'il en est besoin, pour y placer les ombres, en marquant les principales touches, et ensuite dessiner le côté du jour, avec une pointe très fine ou même avec de petits points, si ce sont des chairs ne formant de traits que dans les endroits qui doivent être un peu plus ressentis ; il faut aussi accompagner ces traits soit de quelques points, si c'est de la chair, soit de quelques tailles ou hachures, si ce sont des draperies, afin qu'ils ne soient point maigres et secs étant tout seuls. La gravure n'est déjà que trop sèche par elle-même, à cause de la nécessité où l'on est de laisser du blanc entre les tailles ; c'est pourquoi il faut avoir toujours dans l'esprit de chercher la manière la plus grasse qu'il est possible. Comme on ne peut pas faire un trait gras et épais qui ne soit en même temps très noir, pour imiter le moelleux du pinceau ou du crayon qui les fait larges et néanmoins tendres, on est obligé de se servir de plusieurs traits légers l'un à côté de l'autre, ou de points tendres, pour accompagner ce qui est tracé d'une petite épaisseur d'ombre qui l'adoucisse. Il faut observer la même chose dans les touches des ombres, et avoir soin que les tailles du milieu d'une touche soient plus appuyées que celles des extrémités ; on gravera ensuite les ombres par des hachures rangées avec égalité.

On peut, dans la gravure à l'eau-forte, tirer un grand parti de la morsure ; ainsi une planche gravée d'un ton égal et uniforme pourrait être amenée à l'effet par le seul fait de la manière dont la morsure aurait été dirigée.

La gravure pouvant être regardée comme une façon de peindre ou de dessiner avec des hachures, la meilleure manière et la plus naturelle de diriger les tailles est d'imiter la touche du pinceau, si c'est dans un tableau que l'on copie. Si c'est un dessin, il faut les diriger du sens dont on hacherait, si on le copiait au crayon. Ceci est seulement pour la première taille ; à l'égard de la seconde il faut la passer par dessus, de manière qu'elle assure bien les formes conjointement avec la première, et, par son secours, fortifier les ombres et en arrêter les bords d'une manière un peu méplate, c'est-à-dire un peu tranchée et sans adoucissement. Il ne faut point la continuer dans les reflets, lorsqu'ils sont tendres, mais les laisser un peu plus clairs qu'ils ne doivent être lorsque la planche sera finie, réservant au burin, qui doit terminer l'ouvrage, le soin d'allonger cette taille pour assourdir les reflets, et leur ôter le transparent qui les rendrait trop semblables aux ouvrages qui sont dans les lumières. Si l'ombre était très forte et le reflet aussi, alors il fau-

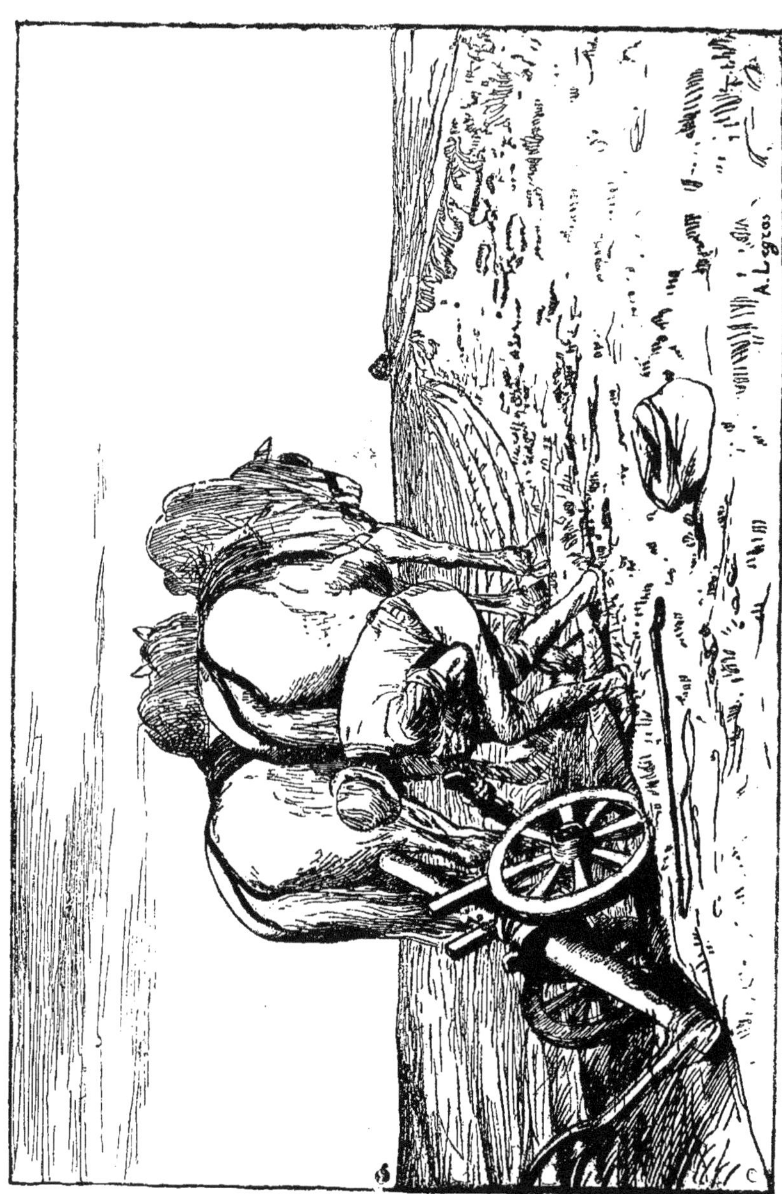

Premier exercice pour un sujet d'ensemble.

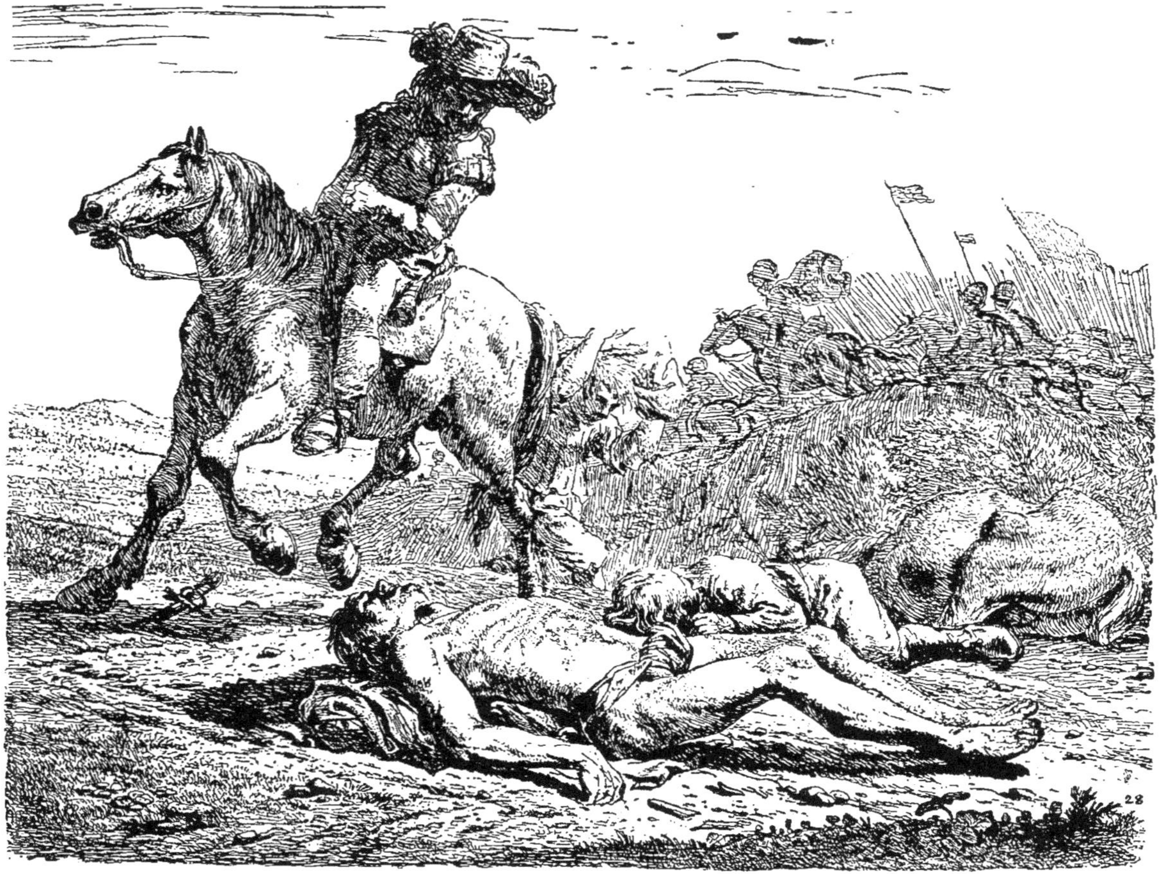

Exercice d'ensemble. — *Reprodaction d'une eau-forte originale.*

drait la graver à deux tailles avec une grosse pointe, et le reflet de même à deux tailles, mais avec une pointe plus fine.

Il ne serait cependant pas à propos de se servir du sens de tailles diamétralement opposées dans le même morceau de draperie, lorsque les séparations causées par le jeu des plis ne sont pas extrêmement sensibles, car cela pourrait faire une draperie qui paraîtrait composée de différentes pièces qui n'auraient aucune liaison l'une avec l'autre ; c'est même cette opposition de travail, jointe aux différents degrés de couleur, qu'inspire le tableau ou dessin original, qui sert à détacher deux différentes draperies et à reconnaître qu'elles ne dépendent point l'une de l'autre. C'est pourquoi l'on prendra, à peu près de la même manière, les différents sens de tailles qui servent à former les plis d'une même draperie, réservant à les prendre dans le sens contraire, lorsque le jeu des draperies fera découvrir la doublure de l'étoffe ; car alors cette différence de tailles servira à faire distinguer plus facilement le dessus ou le dessous de ces draperies.

Les tailles doivent serpenter d'une façon souple suivant les saillies et la profondeur des plis ; ce serait une mauvaise méthode que de former avec une seule taille, et en passer ensuite une raide et sans flexibilité par dessus tout, seulement pour faire un |ton plus noir ; il faut, au contraire, que tout le travail qu'on y met ait son intention et serve à assurer les formes de ce qu'on veut représenter, à moins que ce ne soit de certaines choses qu'on voudrait laisser indéterminées ou indécises, pour faire du repos à côté de quelques autres, comme ne devant point attirer l'attention du spectateur.

On doit éviter que les tailles qui vont se terminer au contour soit des plis, soit des membres, y finissent, en faisant avec lui un angle droit, ni même rien d'approchant ; mais il faut qu'elles s'y perdent en losange, et d'une manière qui serve à le rendre moins sensible et plus moelleux. A l'égard des tailles qui forment les raccourcis, à moins que de savoir la perspective pour les bien ressentir, on court grand risque de les prendre souvent à contre-sens.

C'est ce qui fait qu'on couvre ordinairement les fonds de troisième et même de quatrième, parce que cela salit le travail et le rend, par

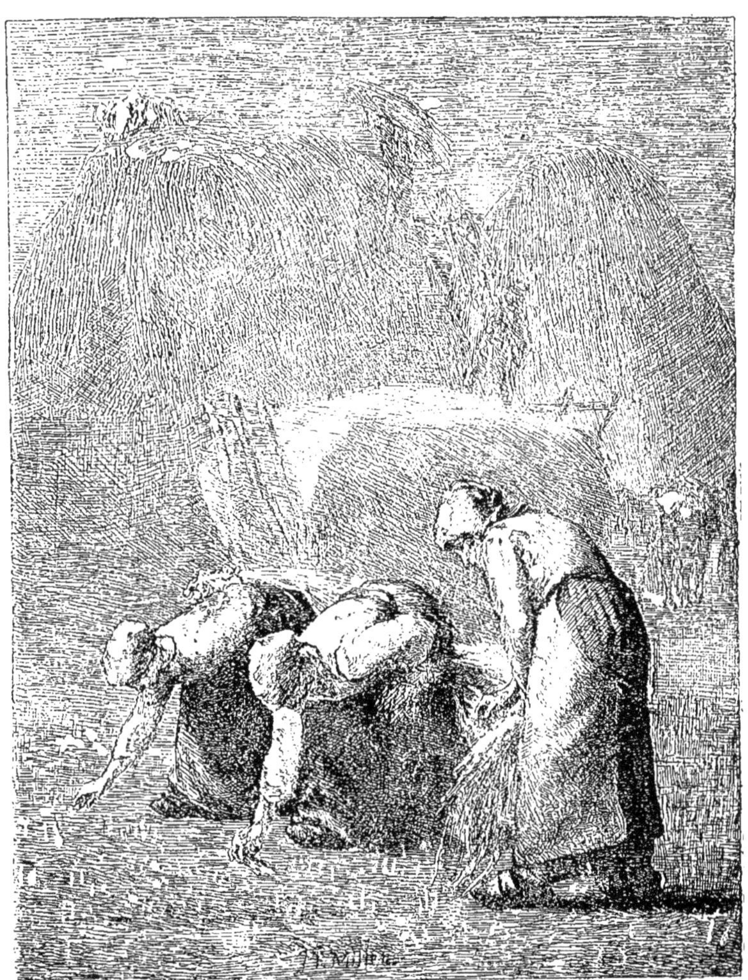

Les Glaneuses. — Exercice d'ensemble.

conséquent, moins apparent à la vue ; de plus, en ôtant les petits blancs qui restaient entre les tailles, cela en resserre davantage le travail et fait qu'il se tient mieux derrière. Cette façon de graver produit aussi des tons gris et sourds d'un grand repos qui laissent mieux sortir les ouvrages larges et nourris des devants, et servent à les faire valoir ; mais c'est l'affaire du burin plutôt que de l'eau-forte. On grave encore les devants avec des tailles de différentes largeurs, suivant que le cas l'exige. Les étoffes fines se gravent plus serrées, à moins qu'on ne les destine à recevoir des entretailles qui sont très propres à représenter les étoffes de soie, les eaux, les métaux et autres corps polis. Les étoffes plus épaisses se gravent plus larges ; ce qui doit être sourd et brun, plus serré que ce qui est vague, et par conséquent, les ombres plus serrées que les jours. Cette attention ne doit pourtant pas paraître trop sensible, de peur que quelque chose des ouvrages du devant ne ressemble à ceux du fond.

Ces principes sont demeurés les mêmes : ils résument la base même des travaux du graveur qui les modifie à mesure que l'expérience affermit sa main, mais ne s'en écarte jamais complètement.

CH. JACQUE

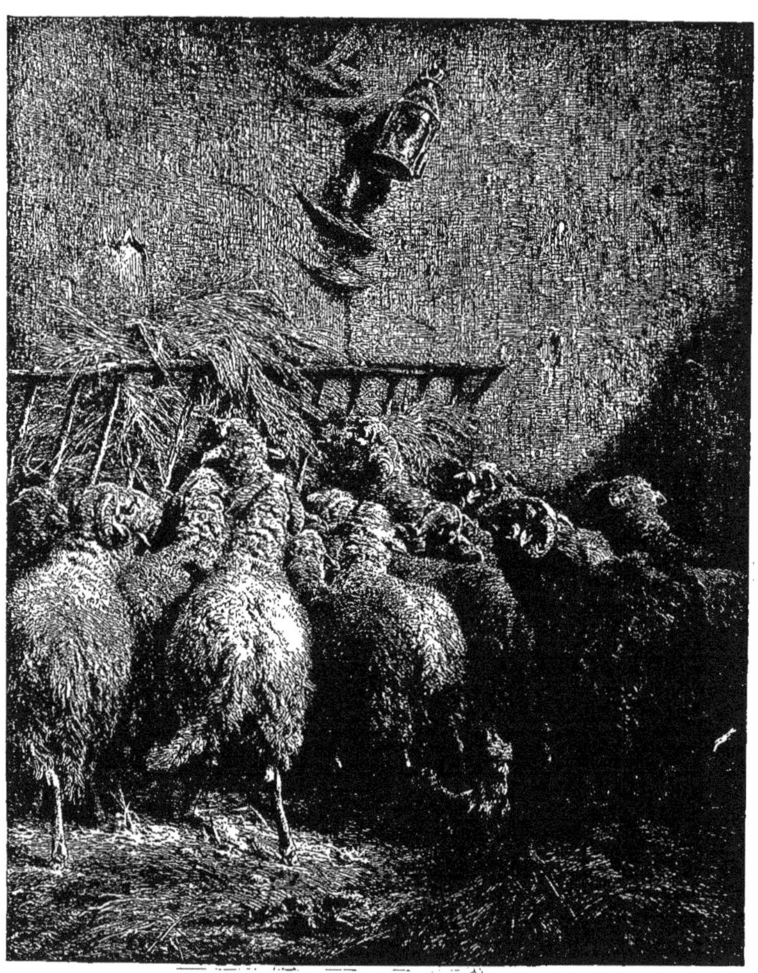

A l'Etable

*Reproduction d'une eau-forte originale du Maître.*

# CHAPITRE IX

---

# PROCÉDÉS DIVERS

---


LE VERNIS MOU — LA POINTE SÈCHE — LA MANIÈRE NOIRE
L'AQUA-TEINTE

Ces deux procédés, dont l'un, la pointe sèche, n'a en réalité qu'un rapport très éloigné avec l'eau-forte, puisqu'on n'y emploie point la morsure, ont repris de nos jours une importance assez considérable et quelques artistes en ont tiré un excellent parti. C'est qu'aussi la pointe sèche et le vernis mou laissent au graveur une telle indépendance qu'il peut y exprimer sa moindre pensée, traduite en un croquis au trait, ou bien en une pochade à l'effet qui suffisent parfois au résultat le plus satisfaisant, et qui répondent bien à notre époque avide de productions multiples et nouvelles. — Pour le vernis mou, voici comment on opère : on vernit le cuivre comme pour l'eau-forte, après avoir eu soin d'ajouter au vernis en boule en égale quantité un corps gras quelconque, suif, axonge, vaseline ou autre, l'hiver, moins en été, naturellement. Quelques-uns enfument le vernis, cela n'est pas indispensable, d'autant que l'œil de celui qui entreprend ce genre doit être suffisamment exercé pour distinguer les travaux à même le vernis. On place ensuite sur la planche une feuille de papier à grain fin qu'on maintient, de façon qu'il ne puisse bouger, puis avec un crayon de mine de plomb un peu ferme mais non dur, on dessine, sur le papier, comme si l'on voulait reporter un calque. Partout où passe le crayon, il enlève un même trait de vernis qui vient adhérer à l'envers du papier, creusant ainsi sur la planche un sillon de même forme. Quand le dessin est achevé, on fait mordre comme à l'ordinaire. Il est essentiel de se servir d'un appuie-main pour travailler, le vernis étant disposé à recevoir la moindre empreinte qui ferait tache après la morsure.

L'inconvénient de ce procédé est l'impossibilité presque absolue des retouches, après la morsure, autres que la pointe sèche dont les travaux se marient mal avec ceux du vernis mou, d'où il résulte toujours une certaine monotonie. Dans sa très intéressante lettre à l'imprimeur Delâtre[1], l'excellent graveur F. Rops explique comment il remédie à cet inconvénient.

Voici comment il opère..... seul :

« Je choisis un cuivre dépassant la dimension du dessin que je veux graver, et pouvant me laisser des marges de trois ou quatre centimètres de largeur, en tout sens. Je prépare plusieurs feuilles de papier de différentes sortes et de grains différents, mais de peu d'épaisseur. Il suffit pour cela de faire quelques recherches ; à Paris, on finit toujours par trouver les choses dont on a besoin. Pour éviter l'obscurité, nous désignerons les différentes espèces de papier par des numéros, le n° 1 représentera le papier calque ou végétal ; le n° 2 sera très léger et d'un grain très fin, le papier dont se servent les fleuristes pour fabriquer les roses blanches est excellent ;

1. *Eau-forte, pointe sèche et vernis mou*, par Delâtre, Paris, 1887.

le n° 3 aura le grain plus fort, un papier écolier très léger fera notre
affaire ; le n° 4, employé très rarement, désignera le papier au plus
gros grain ; presque tous les papiers de Hollande légers peuvent
servir. Ces papiers, excepté le n° 1, le papier calque, seront décou-
pés, selon la dimension du dessin à graver..... »

L'artiste trace les contours de son dessin avec une encre
légère, sur le papier calque dont les bords doivent être un
peu plus grands que le cuivre, et trace en marge des points
de repère. Il pose ce papier sur le vernis et le fixe, en le col-
lant du haut seulement et rabattant les autres côtés sous
la planche. Il dessine alors au crayon les contours qui se
trouvent, par conséquent, repasser sur le premier dessin
tracé à l'encre, et repasse aussi, à l'aide d'une pointe à décalquer, pour plus de netteté, les points de repère des marges.
Le papier végétal étant alors relevé, il fait mordre seulement les points de repère des marges, en passant un pinceau
imbibé d'acide nitrique à 30 degrés. Ces points étant mordus
et l'excédant d'acide enlevé avec les précautions d'usage, il
enlève le vernis qui recouvrait ces points de repère. Il place
alors le papier n° 2, le pose sur le cuivre, rabat le calque,
le tout en place identique grâce aux points de repère des
marges, et dessine alors les parties qui demandent un grain
plus soutenu. Il répète enfin la même opération pour le
papier n° 3 et au besoin pour le n° 4, selon le sujet à traiter,
se servant d'un crayon plus ferme que la première fois. Il
fait mordre non pas à l'acide nitrique, mais au bichromate
de potasse, selon la formule suivante :

Chlorate de potasse...........    20 grammes,
Acide chlorhydrique...........   100 grammes,
Eau.......................   880 grammes.

Le procédé du vernis mou, dont H. Somm et surtout
F. Rops ont tiré un excellent parti, donne aux modelés une

douceur extrême ; on l'appelait autrefois la gravure en manière de crayon, parce que, non seulement le trait gros ou fin du crayon y est imitable, mais aussi les modelés à l'estompe, ce qui permet d'envelopper les formes davantage qu'à l'eau forte ordinaire et rend mieux la morbidesse des chairs ou l'atmosphère d'un paysage. Hâtons-nous d'ajouter qu'il faut s'y consacrer entièrement, dès qu'on l'aborde, car il y faut une extrême habileté, sous peine de tomber en des productions molles, cotonneuses, sans respect des formes et des valeurs.

### POINTE SÈCHE

La pointe sèche, avons-nous dit, est d'un grand usage parmi les graveurs, pour toutes les retouches en finesse, une fois la planche terminée, comme le burin pour les retouches de fermeté, mais plus encore que celui-ci, parce que la pointe sèche lie les travaux des premiers états et répand sur l'eau-forte une harmonie générale. Quelques artistes modernes ont eu l'idée de se servir de la pointe seule et d'exécuter tout le travail sans le secours de l'acide, et cela particulièrement pour des pièces de très petites dimensions, ce qui a fait dire que la pointe sèche est la miniature de l'eau-forte. Toutefois, depuis quelques années, un de nos camarades d'atelier, Camille Fonce, a exposé des pièces importantes, exécutées entièrement à la pointe sèche, qui font de ce procédé un art véritablement nouveau empreint d'un charme extrême, et nous sommes heureux que M. Fonce ait bien voulu mettre à la disposition de nos lecteurs son expérience professionnelle, nous lui laissons la parole :

« La pointe sèche, nous dit-il, s'exécute sur le cuivre à nu : on fait un calque sur papier glace que l'on reporte en mettant de la fleur de soufre dans le tracé du papier glacé. On peut aussi procéder comme à l'eau-forte, alors il faut vernir son cuivre. Ayant ainsi sa mise en place générale ou silhouette extérieure, on nettoie la planche et on prend une pointe très coupante, puis l'on commence par les parties fines, ciel et plans éloignés, si c'est un paysage ; on doit attaquer très peu le cuivre et faire un travail très léger pour l'azur des ciels clairs ; on appuiera fortement, au contraire, pour un ciel chargé, un effet de nuit.

« Puis, prenant une pointe plus forte, on dispose sur le ciel ainsi préparé tout son sujet, en appuyant plus ou moins, selon les plans, absolument comme dans l'eau-forte, seulement c'est la barbe du cuivre soulevée par la pointe qui donne les intensités de ton. Ces barbes sont si fragiles que la simple pression du bras sur la planche suffit parfois à les aplatir ou à les rentrer dans les tailles en les bouchant. Il faut donc travailler à main levée avec grande sûreté : le travail au chevalet sera parfait si l'artiste y peut conduire sa pointe aussi sûrement qu'à plat. »

Autant que possible il ne faut se servir, dans une pointe sèche, ni du grattoir, ni de l'ébarboir, parce que le résultat parfait ne s'obtient véritablement qu'avec un travail de premier jet. Pour voir la progression des travaux, il suffit de passer au chiffon un peu de noir gras de temps à autre, car on ne peut recourir aux épreuves d'essai, la planche ne pouvant donner que deux ou trois de ces épreuves, sous peine d'aplatir les barbes, de boucher les tailles, si l'on en tirait d'avantage avant l'aciérage.

Il ne faut jamais laisser une pointe sèche inachevée, afin d'éviter l'oxydation du cuivre, et durant toute l'exécution maintenir la planche légèrement huilée.

Mais ce qu'il faut surtout, c'est un bon imprimeur, tant la

planche est délicate, car si l'imprimeur n'est pas très habile, alors même que le cuivre est aciéré, la barbe risque d'être enlevée. Adieu les vigueurs, adieu l'effet, et les retouches sont presque impossibles.

On ne doit pas se le dissimuler, la pointe sèche pure, surtout lorsqu'elle atteint certaines dimensions, est d'une extrême difficulté. Il faut y déployer, outre la précision du trait, une hardiesse de pointe, un coup de poignet très ferme, car à l'impression, la pointe sèche a une tendance à donner moins de ton que la morsure ; cela se conçoit : l'acide ronge le cuivre perpendiculairement à angle droit, tandis que le creux de la pointe sans morsure n'offre que des angles aigus et reçoit par conséquent moins de noir sous une apparence égale de largeur.

Deux procédés, aujourd'hui presque complètement abandonnés des artistes, malgré les excellents résultats obtenus par l'école anglaise, sont la manière noire et la gravure au lavis ou aqua-teinte ; cela est, croyons-nous, fort regrettable au point de vue du rendu de certaines œuvres originales, les aquarelles, par exemple, que l'eau-forte traduit et ne rend pas. Sans nous y arrêter longuement, nous allons indiquer les procédés qu'on y employait :

La manière noire était exécutée sur un ton de fond passé sur le cuivre, à l'aide d'un outil nommé *berceau* ; cet outil, qui a la forme d'un large ciseau, sur le biseau duquel on grave au burin des traits droits, fins et serrés et assez profonds ; l'outil présente alors une espèce de dentelure plate qu'on promène avec un mouvement de va et vient sur le cuivre, d'abord verticalement, puis en sens horizontal, en diagonale d'angle en angle, afin d'obtenir un quadrillé très fin donnant le ton de fond. On trace alors le dessin soit à main levée, soit au calque, et l'on modèle sur le cuivre nu, c'est-à-dire non vernis, à l'aide des racloirs, brunissoirs et grattoirs, prenant le ton de fond pour valeur la plus vigoureuse, et remettant le cuivre à nu pour les grands clairs.

Perrot fait observer que le travail de la manière noire est absolument analogue à celui du dessinateur qui se sert d'un papier teinté pour fond, dont il rehausse les clairs au crayon blanc ; aussi conseille-t-il, avec raison, d'exécuter, de cette façon, le modèle qui doit servir à la gravure.

L'aqua-teinte est un genre de gravure qui s'exécute sur un ton de fond obtenu par un grainage mécanique régulier, identique à celui dont se servent les héliograveurs industriels.

Voici comment ils opèrent, à l'aide de l'appareil appelé boîte à grainer. La boîte à grainer est une boîte en bois léger, ou dont le bâtis seul est en bois léger, et les panneaux en zinc très mince, d'environ un mètre cinquante centimètres sur quatre-vingt-dix centimètres de large. Au bas de la boîte est un évent à manivelle. On place à l'intérieur de la boîte une certaine quantité de résine en poudre impalpable, on ferme l'appareil et on tourne la manivelle de façon à soulever toute

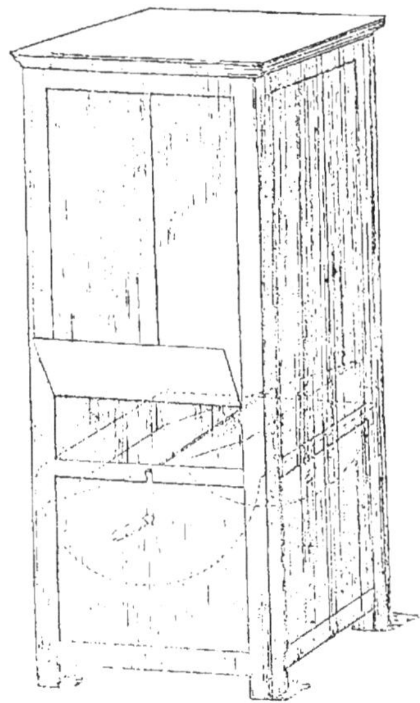

Boîte à grainer.

la poudre de résine chassée par l'évent ; quand on juge que cette poudre est bien en suspension à l'intérieur de la boîte, on ouvre, et sur le plateau qui ferme l'évent dont on arrête la course à l'aide de deux petits taquets, on place la planche de cuivre, on referme, et la poudre vient se déposer régulièrement sur la planche. On conçoit aisément que plus on laissera écouler de temps entre la mise en mouvement de la résine et celui où l'on place la planche à grainer, plus on obtiendra un grain fin et *vice versa*, les molécules les plus légères et par conséquent les plus fines restant plus longtemps en suspension à l'intérieur de la boîte. On retire la planche recouverte d'une poudre blanchâtre très fugitive et qu'on fixe, en passant dessous soit la flamme d'une lampe à alcool, soit un boudin enflammé de papier journal. Il faut chauffer très peu pour ne pas brûler la résine, puis on laisse refroidir. On couvre alors au petit vernis les parties qui doivent rester blanches et l'on fait mordre ; l'acide pénètre entre les grains et donne le ton de fond. On peut aussi obtenir des grains différents, selon l'aspect qu'on veut avoir dans certaines valeurs : pour cela il suffit d'enlever partiellement le vernis et de donner un nouveau grain. Un autre procédé consiste à couvrir la planche à l'aide d'une couche résineuse obtenue par la dissolution d'une gomme ou d'une résine quelconque dans l'alcool, soit à saturation, soit d'une densité plus faible, si l'on veut un grain plus fin ; l'alcool en s'évaporant laisse une pellicule formant collodion, qui se crevasse en tout sens et donne un grain régulier.

Nous donnons ici tous ces procédés pour mémoire, car à vrai dire, il faudrait un véritable volume pour expliquer tout le parti qu'on pourrait tirer de chacun d'eux, étudier tous les maîtres qui les ont employés avec succès. Mais un graveur habile peut, en les combinant ensemble, obtenir grand profit, surtout au point de vue de la rapidité des travaux, comme le fit très heureusement Teyssonnières pour le catalogue de la vente Marmontel, dont les planches préparées furent rapidement enlevées grâce à l'emploi des divers procédés de l'aquateinte et de la gravure au lavis ou en manière de crayon, ou encore à la manière noire qu'il appliqua selon le modèle à rendre, ce qui fait qu'on ne rencontre pas deux de ces planches qui se ressemblent comme procédé.

En tout ceci, les recherches personnelles priment tout ce qu'on pourrait dire, et la *cuisine* quasi-chimique de l'aquafortiste n'est pas le côté le moins passionnant de son art.

———

CHAPITRE X

———

# L'EAU-FORTE INDUSTRIELLE

———

PROCÉDÉS DE L'HÉLIOGRAVURE EN TAILLE DOUCE ET TYPOGRAVURE<br>L'HÉLIOGRAVURE AIDE DE L'AQUAFORTISTE<br>LE PERCHLORURE DE FER

Des ouvrages enseignent à l'amateur, s'il ne les connaît déjà, les phénomènes tant physiques que chimiques de la photographie en ce qui concerne la formation et la reproduction de l'image naturelle. Nous n'avons à parler ici que de l'application de la photographie à la gravure, application que nous désignerons ici sous le nom générique de photo ou héliogravure, soit que l'estampe s'obtienne par un tirage de taille douce et par conséquent sur une planche de cuivre gravée en creux, soit qu'elle résulte d'un tirage typographique, c'est-à-dire sur un cliché en relief, quelle que soit d'ailleurs la matière de ce cliché, cuivre, zinc ou autre. Voici comment opère, en principe, le photograveur : Sur une planche de cuivre préalablement dégraissée à la potasse d'Amérique, il étend, loin du jour, éclairé seulement par la lumière rouge du laboratoire, une couche légère de gélatine bichromatée[1] (environ 10 °/₀ de bichromate, le tout fondu dans un litre d'eau). A l'aide d'un instrument nommé tournette, il fait passer rapidement au dessus d'un réchaud à gaz cette couche de gélatine de façon à l'aplanir pour qu'elle forme sur le cuivre une pellicule gélatineuse aussi égale que possible ; l'eau s'évaporant à la chaleur du gaz, la pellicule devient sèche au bout de quelques minutes ; on place alors la planche de cuivre sur un cliché *positif*, la gélatine posée contre la face du cliché, et on l'expose à la lumière : au bout de cinq minutes environ, l'image apparaît légèrement, peu perceptible toutefois pour un œil non exercé, mais suffisamment pour qu'on voie qu'elle y existe. On recouvre les marges de bitume de Judée dissout dans la benzine, et l'on pose un grain général en passant la planche dans la boîte à grainer, opération que nous avons décrite.

Quand le grain est posé et cuit au brillant, on laisse refroidir, puis on borde la planche et l'on fait mordre au perchlorure de fer à 45°. Quand on juge la planche suffisamment mordue, on enlève la couche de gélatine à l'aide de lavages successifs à la potasse d'Amérique, on procède aux retouches toujours très nombreuses en héliogravure en creux, on acière et l'on tire les épreuves.

On s'est souvent demandé pourquoi la photogravure fait toujours appel à l'aquateinte donnée par le grain ici obligatoire et ne se comporte pas, selon les sujets à rendre, comme l'eau-forte ; d'abord, l'emploi de l'acide nitrique ne pouvait donner des morsures suffisamment précises pour les travaux

---

1. La gélatine bichromatée, soumise à l'action de la lumière, a la propriété de ne plus se gonfler dans l'eau, en ses parties insolées ; de plus, immergée dans la benzine, ses parties non insolées se gonflent et forment de légers reliefs : cette découverte, due à Poitevin, permet à l'héliograveur d'augmenter les creux par la morsure au perchlorure de fer, après avoir préservé les reliefs par un encrage et dissout la gélatine des creux.

d'industrie, creusant le métal en élargissant les tailles, tandis que le perchlorure de fer le creuse en profondeur et pour ainsi dire avec une précision mathématique selon la durée du bain ; mais n'élargissant pas les tailles, il ne donne à la main de l'imprimeur aucune ressource ; il est donc absolument nécessaire de recouvrir la planche d'une valeur générale, qui est obtenue par le grain, valeur que le brunissoir ou le grattoir viendront enlever dans les parties blanches, trop petites pour avoir pu être ménagées dans l'opération du grainage.

A l'origine, la photogravure causa parmi les artistes une émotion profonde ; on crut que l'art du graveur allait sombrer devant les progrès de l'industrie. Il n'en fut rien heureusement, car jamais peut-être l'eau-forte n'a été aussi en faveur que de nos jours où les industriels, qui eux-mêmes ont fondé des ateliers d'héliogravure, paient aux aqua-fortistes des planches vingt-cinq, trente et jusqu'à cent mille francs ; sans doute, la gravure industrielle a privé quelques mains médiocres de travaux courants, elle n'a jamais atteint et n'atteindra jamais les véritables artistes. Il y a plus, répandant à profusion le goût de l'estampe, l'industrie monte peu à peu les connaissances du public qui se reporte à nouveau vers sa gravure originale. Aussi bien, la photogravure ne donne en réalité que des reproductions sèches et froides, d'une égalité de travaux désespérante, malgré les nombreux appels faits à la retouche.

*La retouche.* — Je l'ai dit, le soleil et le perchlorure agissent brutalement sur la planche de cuivre, et l'épreuve qu'on obtient au sortir du bain est toujours pâteuse et lourde, souvent informe. Le graveur qui n'a pu se créer une petite place dans les arts, peut donc utiliser ses connaissances dans la retouche de l'héliogravure. Pour cela, il devra préalablement refaire pour son propre compte quelques travaux d'aqua-teinte, y employer le grattoir et le brunissoir, la pointe, cela va de soi, mais aussi et beaucoup la roulette, enfin le burin. N'ayant rien à créer, mais seulement à ajouter ou retirer des travaux, à creuser le métal là où l'acide aurait été insuffisant, il doit connaître à fond l'emploi de ces outils et s'exercer à reconnaître facilement dans les épreuves d'états successifs où il fait monter la planche, ce qui est suffisant de ce qu'il faut encore retoucher. On dit qu'une main habile aux retouches est rare; ce n'est point à notre avis l'insuffisance des artistes qui en est cause, mais, disons le mot, la répulsion qu'éprouve tout artiste à mettre ses qualités à la disposition des travaux de l'industrie, ce qui, selon nous, est fort regrettable à tous les points de vue.

La typogravure ou gravure en relief sur cuivre ou sur zinc est assurément une des plus belles découvertes de la seconde moitié de ce siècle; perfectible encore, elle a cependant déja donné des résultats surprenants, partout utilisés, et qui répandent à profusion l'image même d'une œuvre d'art dans toute sa correction de dessin, puisque aucun intermédiaire, si ce n'est le soleil et l'acide, n'en vient dénaturer la forme, ou amollir les contours. L'idée d'une gravure en relief qui se tirerait comme une gravure sur bois vint aux premiers inventeurs de la photographie; mais les progrès furent lents, tant les obstacles à surmonter étaient difficiles, et ce n'est réellement qu'après la communication des travaux de Woodburg, l'inventeur de la photoglyptie[1], dont nous n'avons pas à nous occuper ici, que la gravure en relief ou

---

1. La photoglyptie est un procédé chimique et mécanique donnant des épreuves identiques à celles de la photographie, tirée sur papier albuminé, avec l'avantage que, tirant mécaniquement sous une presse spéciale, elle donne rapidement un grand nombre d'épreuves.

zincographie devint réellement pratique et d'exécution courante.

On conçoit que, si, comme pour l'héliogravure en creux, on transporte sur une planche de zinc ou de cuivre un cliché négatif, on obtiendra l'image positive et que si, par un procédé différent de celui qui précède, on arrive à dissoudre les parties non insolées de façon à faire mordre par un acide seulement celles de l'image qui ont été rendues solubles par la lumière, on obtiendra une image en relief qui donnera des épreuves positives. C'est ici le bitume de Judée qui est employé pour obtenir l'image sur le zinc ; lorsque, par une série d'opérations destinées à dissoudre le bitume partout où il doit y avoir des blancs, on n'a plus sur la planche qu'un trait noir de bitume qu'il s'agit de mettre en relief en creusant le métal autour de ce trait par des morsures successives. Ici le photograveur n'emploie plus le perchlorure qui agirait trop brutalement, mais bien l'acide nitrique, encore cet acide est-il employé plutôt faible que fort et avec grands ménagements. En effet, l'acide ronge non seulement les surfaces blanches, mais il vient creuser peu à peu les parois du trait qui doit rester en relief et serait ainsi bientôt anéanti, trait qu'il faut par conséquent renforcer, par un encrage, à chaque morsure nouvelle.

On obtient également les clichés en relief par la galvanoplastie, le dépôt galvanique venant réformer en épaisseur les traits d'une image obtenue en contre-épreuve et en creux par un moulage.

Nous ne donnons bien entendu qu'une très faible idée de la gravure industrielle, uniquement destinée à appeler l'attention du graveur ou de l'artiste qui veut travailler en vue de ces procédés. Il doit comprendre que moins son travail sera bouché, mieux il viendra en reproduction héliogra-

phique. Il est vrai que nos industriels sont arrivés aujour-
d'hui à rendre par divers moyens, réseaux ou grains,
la teinte en gravure typographique, mais il y a ici encore
beaucoup de progrès à faire à cause de la grande difficulté
de tirage de pareils clichés qui viennent rarement bien
dans le corps même du texte. Pour nous, le véritable
avenir de la gravure typographique dépend des efforts que
feront l'artiste et l'industriel pour combiner leurs travaux de
telle sorte que le dessin remis par le premier ait en lui-
même assez d'effet par l'ensemble des traits employés en
hachures et non en teintes, ce qui permettrait au graveur
de perfectionner sans cesse un procédé sûr, d'un tirage
facile, et d'une résistance à toute épreuve.

On l'a vu, dans les procédés industriels de la gravure, c'est le perchlorure de fer qui est le mordant principal, parce qu'il agit avec une précision mathématique,
et mord régulièrement selon le temps de l'immersion,
temps toujours mesuré à l'aide du sablier. Il a donc sem-
blé jusqu'à ce jour que le perchlorure de fer qui mord
froidement, pénétrant le métal sans bouillonnement ni
indice d'aucune sorte, ne pouvait convenir aux travaux
de l'artiste graveur. C'est, selon nous, une erreur et nous
croyons que les artistes qui voudraient faire usage du
perchlorure de fer, en étudiant sérieusement son mode
d'emploi, obtiendraient, dans certains travaux, des résultats
supérieurs en finesse et en fermeté, sans avoir jamais de
déboires à redouter. Sans doute, le perchlorure ne donne
jamais le flou ni l'indécision qui *fait bien* ; mais pour les
travaux d'architecture, par exemple, où certains maîtres ont
déployé tant de talent, l'acide nitrique a parfois l'inconvénient de rapprocher les tailles et de donner des duretés ou
des traits pâteux là où le perchlorure employé eût conservé

la finesse aux lignes les plus délicates, une valeur intense aux coups de pointes les plus fermes. Il suffit donc de se faire une planche de repères pour déterminer les temps de morsure au perchlorure de fer et de baser le travail de la gravure sur ces repères. C'est là une idée toute personnelle, où la voie est ouverte aux chercheurs et les essais encore à faire pour chacun. En tous cas, nous pouvons assurer à ceux qui voudront entreprendre ces essais que le tirage des planches ainsi mordues est d'une régularité parfaite. Enfin, si une planche ainsi exécutée demande à être enveloppée, on peut toujours y revenir en couvrant les premiers travaux, pour en ajouter à l'aide d'un travail de pointe sèche ou d'une dernière morsure à l'acide nitrique faible ou de vieux bain, sur des travaux de pointe fins et délicats.

CHAPITRE XI

———

# DE L'IMPRESSION

———

DÉSIGNATION, ÉTAT ET QUALITÉ DES ÉPREUVES

Une planche terminée, c'est avec une légitime impatience
que le graveur en désire voir l'épreuve; sans doute il peut
courir chez l'imprimeur de taille-douce qui souvent inter-
rompt tout travail pour lui donner satisfaction; mais combien il est préférable, selon nous, d'avoir sous la main une
presse d'amateur qui attend là et nous invite au travail. Tirer
une épreuve d'eau-forte terminée est une opération délicate
qui demande de l'expérience, du goût, beaucoup de tact et
mieux vaut, sans doute, pour ce tirage définitif où les papiers
employés sont d'un prix élevé, recourir à l'ouvrier habile en
son art. Mais pour toute la durée du travail rien ne vaut,
croyons-nous, le tirage fait à l'atelier par le graveur lui-
même, car les épreuves qu'il sort de la presse lui indiquent
nettement les défectuosités de sa planche comme aussi les
ressources que pourra en tirer l'imprimeur de métier dont la
part est si grande dans le rendu de l'eau-forte. Procurez-

vous donc une presse d'amateur et tirez vous-même les épreuves de vos états successifs, vous y aurez, dans la suite, économie de temps et progrès dans le travail.

Donc, vous aurez une presse ; à côté, une caisse de tôle avec un réchaud à chaufferette, un tampon, du noir posé sur un marbre, des chiffons, de la mousseline raide, demi-raide et d'autre très douce, un tampon d'ouate et du blanc d'Espagne.

Votre planche étant prête, c'est-à-dire parfaitement nettoyée, vous la placez quelques instants sur le réchaud et en même temps commencez l'encrage ; en la tenant par un de ses coins, de la main gauche, vous étalez le noir à l'aide du tampon que vous promenez sur toute la surface, tapottant partout d'une manière égale, de façon que l'encre pénètre complètement au fond des tailles. Vous essuyez successivement d'abord à la mousseline raide, puis demi-raide, puis fine ; en dernier lieu, vous donnez les brillants avec la paume de la main, le tout très également. Quand la planche est ainsi bien encrée, vous nettoyez les marges au blanc d'Espagne.

Vous placez alors la planche sur la table de presse qui s'engage entre les cylindres, vous appliquez la feuille de papier préalablement humidifiée, vous rabattez les langes de flanelle et donnez le coup de presse. Pour que l'humidité du papier soit au degré voulu, il faut le préparer quelque peu d'avance[1] et pour cela le mouiller amplement des deux côtés ; au moment de s'en servir, il est bon de le brosser légèrement du côté de l'estampe.

On obtient ainsi une épreuve nature ; selon qu'on voudra la parer en certains endroits, on l'adoucira à la paume de la

---

1. Abraham Brosse conseille de préparer les papiers la veille du tirage.

main pour les blancs, on *retroussera* les noirs avec une mousseline douce pour avoir des demi-teintes légères entre les tailles, mais ce sont là des procédés qu'il faut surtout appliquer selon la nature même des travaux. Un graveur habile doit, selon nous, laisser le moins possible à l'initiative de l'imprimeur, car si pour les premières épreuves il se trouve présent au tirage, il n'en saurait être de même plus tard ; alors quel guide l'ouvrier, même habile, aura-t-il pour rendre la pensée de l'artiste. A notre avis, l'artiste doit pousser la planche suffisamment, y estamper les travaux, de telle sorte que l'effet qu'il a cherché soit rendu bien exact par le le tirage courant, sans qu'il soit nécessaire d'avoir recours aux ficelles du métier. Il n'en est pas de même si l'artiste imprime ses eaux-fortes et les annule après son propre tirage ; oh ! alors, il sait où il va et peut se servir de toutes les ressources de l'impression, ayant compté sur le parti qu'il peut tirer des travaux même les plus légers, de la moindre esquisse à peine indiquée.

Il nous reste à dire quelques mots des papiers employés au tirage des eaux-fortes et des différentes qualités d'épreuves.

Les papiers sont de quatre sortes : le papier vergé courant pour le tirage général ; on l'emploie bien entendu pour les épreuves d'état ou d'essai ; les trois autres sont des papiers destinés aux épreuves de luxe, ce sont : le parchemin, le papier du Japon, le papier de Chine. Il y a ici comme en tout une mode ; les plus belles épreuves anciennes et les plus rares sont tirées sur Chine extrêmement mince ; aujourd'hui, les parchemins translucides ou les Japons fermes sont plus en faveur.

C'est sur ces derniers que se font les premiers tirages : *épreuves de remarque*, *épreuves d'artistes*, *épreuves avant la lettre*.

On appelle épreuves de remarque celles qui contiennent en marge un petit croquis fait par le graveur lui-même et qui atteste par sa présence ce premier tirage, puisqu'au bout d'un certain nombre (cent en est ou devrait en être le maximum) l'artiste enlève cette remarque.

Après cette opération, on tire encore quelques épreuves que l'artiste signe en marge au crayon, ce sont les épreuves d'artistes.

Puis vient un tirage un peu plus important qui donne l'ensemble des épreuves avant la lettre.

Enfin l'épreuve courante est celle qui porte au bas le titre de la planche, à gauche le nom du peintre, à droite celui du graveur.

Jusqu'à l'épreuve courante, l'imprimeur tire généralement sur le cuivre nu ; lorsque toutes ces épreuves de luxe sont tirées, on acière la planche, opération sans laquelle un cuivre ne saurait fournir un nombre suffisant d'épreuves sans se détériorer et qui consiste à revêtir, par un procédé galvanique, toute la planche d'une légère couche d'acier qui lui donne une résistance à toute épreuve ; on pourrait même tirer à l'infini, en ayant soin de faire aciérer à nouveau au bout d'un millier d'épreuves.

Toutefois cela nous semble bien superflu puisque la valeur d'une estampe dépend surtout de sa rareté et par conséquent de son tirage restreint. Aussi l'on peut dire que les épreuves véritablement artistiques, celles qui méritent toute l'attention des amateurs, sont celles dont les planches sont restées aux mains des artistes eux-mêmes, dont l'amour-propre et la dignité n'ont autorisé qu'un tirage à petit nombre, après quoi ils renvoient le cuivre au planeur pour faire place à une œuvre nouvelle.

FIN

# TABLE DES MATIÈRES

# CHAPITRE V



# CHAPITRE VI



# CHAPITRE VII



# CHAPITRE VIII



# CHAPITRE IX

# CHAPITRE X



# CHAPITRE XI



MACON, PROTAT FRÈRES. IMPRIMEURS

# 3° L'AQUARELLE

## (Paysage)

### TRAITÉ PRATIQUE & COMPLET DU PAYSAGE A L'AQUARELLE

Avec leçons écrites d'après ALLONGÉ et E. CICERI

*Planches en couleur et nombreux clichés dans le texte*



# 4° LE FUSAIN SANS MAITRE

### TRAITÉ PRATIQUE ET COMPLET SUR L'ÉTUDE DU PAYSAGE AU FUSAIN

Orné de 25 planches fac-simile d'après ALLONGÉ, APPIAN, LALANNE,
LHERMITE, RIVOIRE, KARL ROBERT, etc.

*et nombreux dessins et croquis à interpréter au fusain.*

### (19° édition)

# 5° LE PASTEL

### TRAITÉ COMPRENANT

## LA FIGURE & LE PORTRAIT, LE PAYSAGE & LA NATURE MORTE

### AVEC

Figures dans le texte et référence de pastels en couleur.

---



---

# 6° LE MODELAGE & LA SCULPTURE

### TRAITÉ PRATIQUE

contenant tous renseignements sur l'exécution en terre, marbre et terre cuite, opérations du moulage, etc.

### *avec leçons écrites par François Rude*

---



---

# 7° LA PHOTOGRAPHIE

## AIDE DU PAYSAGISTE OU PHOTOGRAPHIE DES PEINTRES

### *RÉSUMÉ PRATIQUE*

des connaissances nécessaires pour exécuter la Photographie artistique
PAYSAGE, PORTRAIT ET GENRE

DIVISION DES CHAPITRES. — Avant-propos. — Formation de l'image. — Le négatif. — Couche sensible. — Emploi du gélatino-bromure d'argent. — Le négatif. — Le positif. — Virage et fixages. — Développement et fixage du cliché ou négatif. — Développement au fer. — Opérations du développement. — Renforcement. — Atténuation. — Fixage des clichés. — Le bain d'alun. — Consolidation de la gélatine. — Développement à l'acide pyrogallique. — Révélateur à l'hydroquinone. — Formules de développement. — Observations générales. — Les appareils. — La chambre noire. — L'objectif. — Les châssis. — Objectif. — Diaphragmes. — Obturateur. — Les appareils à la main. — L'appareil de poche. — Le positif. — Tirage, virage et fixage des épreuves. — Epreuves bleues au ferro-prussiate. — De la nature et de l'art. — Le choix du motif et le temps de pose. — Du temps de pose. — La composition et l'arrangement. — De l'effet et de la lumière. — Des premiers plans. — De la figure et des animaux dans le paysage. — Du portrait. — Des groupes.

# 8° L'Enluminure des Livres d'heures

## MISSELS, CANONS D'AUTEL, IMAGES PIEUSES ET GRAVURES, SOUVENIRS DE PREMIÈRE COMMUNION ET DE MARIAGE

DIVISION DES CHAPITRES. — Avant-propos. — Précis de l'histoire de l'enluminure. — Du procédé des anciens. — Procédés modernes. — Installation et matériel. — Les parchemins. — Les vélins. — Les bristols et les papiers. — Les ivoirines. — Manière de tendre le vélin. — Les pinceaux. — Le brunissoir et la pointe à décalquer, agate et ivoire. — L'encre de Chine. — L'ox gall ou fiel de bœuf. — De la gomme et de l'eau gommée. — La gouache. — Les couleurs. — De l'or et de l'argent. — Les ors et leur application. — Les ors à plat. — De l'or en relief. — Pâte à dorer. — Procédés divers. — Leçons écrites d'après le Livre d'Heures de M$^{elles}$ Rabeau. — Paroissien de la Renaissance. — Le Livre d'Heures de M$^{elle}$ Guilbert. — Canon d'autel. — Images, etc.

# 9° LA PEINTURE A L'HUILE

## (PORTRAIT ET GENRE)

DIVISION DES CHAPITRES. — Avant-propos. — Du dessin et de l'anatomie. — Sensation de la couleur et des valeurs. — Les proportions du corps humain. — Atelier et matériel de l'artiste. — Les couleurs. — Les huiles et les essences. — Le pétrole. — Les siccatifs. — De la palette. — Du mélange des couleurs. — Différentes manières de peindre. — Frottis et glacis. — Les demi-pâtes. — En pleine pâte. — Premiers exercices d'après la bosse. — La grisaille et les camaïeux. — De la grisaille. — De la figure humaine. — La tête d'après nature. — Exemple et conseils pour une tête d'homme brun. — Manière de peindre une tête quelconque. — L'ensemble; conduite générale du travail. — Les yeux, le regard, l'oreille. — L'académie et le morceau d'étude. — Le portrait. — Généralités. — Le portrait d'après nature. — Règles de convenance dans l'attitude et le mouvement. — Le caractère des fonds et des accessoires. — De la composition d'un tableau. — Equilibre, unité, harmonie. — Du genre et de l'histoire. — L'épisode. — L'anecdote. — Le plein air. — Figures et animaux. — Les intérieurs, les fleurs, les fruits. — De la conservation des tableaux. — Leur nettoyage. — Réparation des cadres. — De la peinture à l'encaustique. — Conclusion.

# 10° LA GRAVURE A L'EAU-FORTE

## EN PRÉPARATION :

11° *La céramique et la barbottine.*

12° *Traité des divers travaux d'art* à l'usage des gens du monde (dames et jeunes filles). — Vernis Martin. — Peintures sur soie. — Eventails et écrans. — Miniatures, etc.

---

### H. LAURENS, Éditeur, 6, rue de Tournon, Paris

## Modèles en couleurs

MODÈLES POUR SERVIR AUX TRAVAUX

DE

# PEINTURE SUR FAIENCE ET PORCELAINE

1 album de 16 planches en couleurs. Prix...................... 3 fr.

Dans cet album, on trouvera des modèles en couleurs de faïences de Rouen Moustiers, Italie, Chine, Japon, etc., représentant des ensembles ou des détails de pièces comme marlis, fonds, panses de vases, etc.

---

# L'ORNEMENTATION DES MANUSCRITS
## AU MOYEN-AGE

RECUEIL DE DOCUMENTS POUR SERVIR AUX TRAVAUX D'ENLUMINURE

### Par Ernest GUILLOT

XIII° siècle, 1 album contenant environ 100 sujets en couleurs. Prix....... 3 fr.
XIV° siècle,    —    —    —    — Prix....... 3 fr.
XV° siècle,    —    —    —    — Prix....... 3 fr.

Chaque album est composé de documents de l'époque puisés aux meilleures sources. Cette collection sera d'un précieux secours aux personnes que le *Traité d'Enluminure* de M. Karl Robert aura mis en goût d'exécuter des travaux de style, tels que l'enluminure d'un *Livre d'heures.*

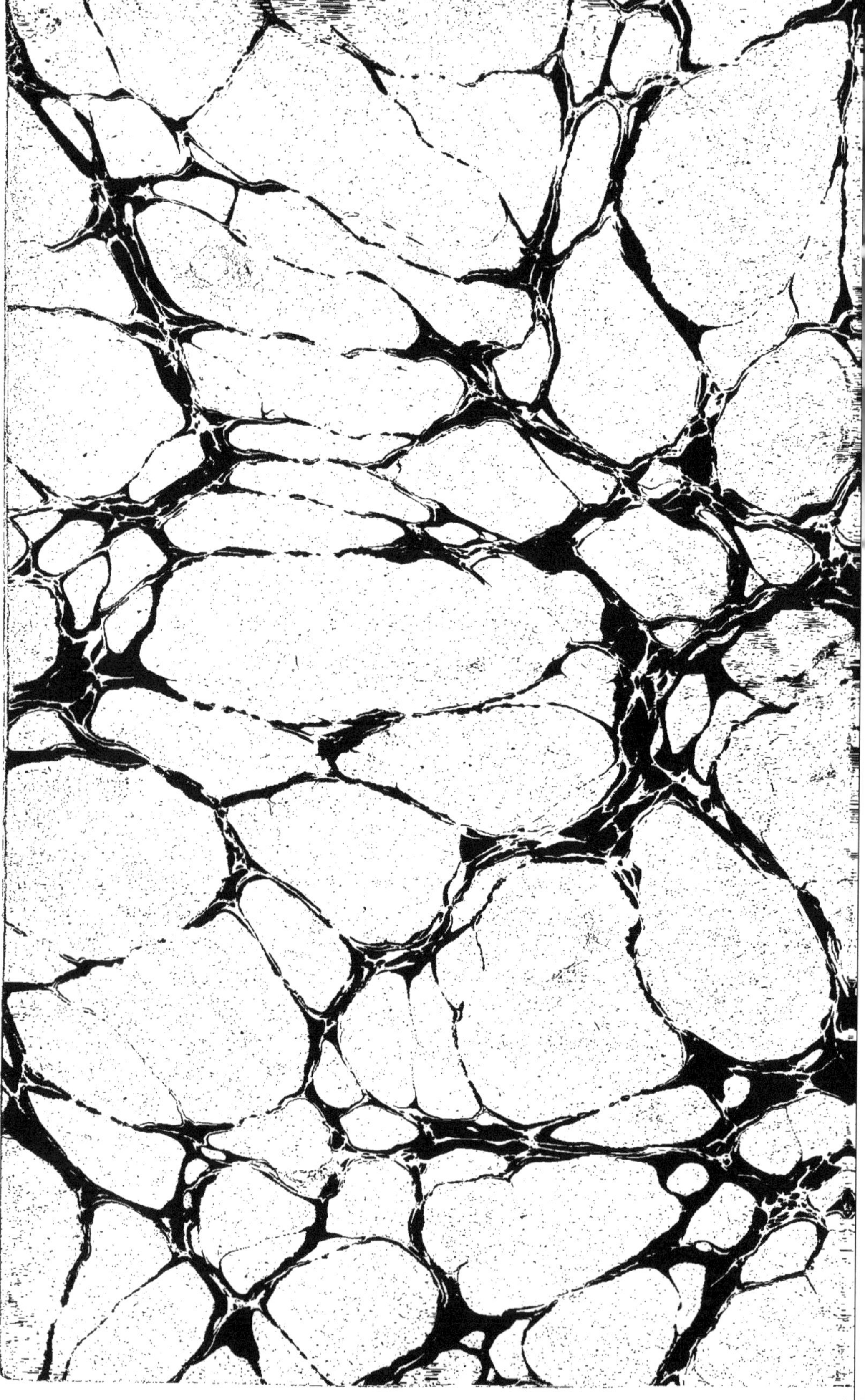

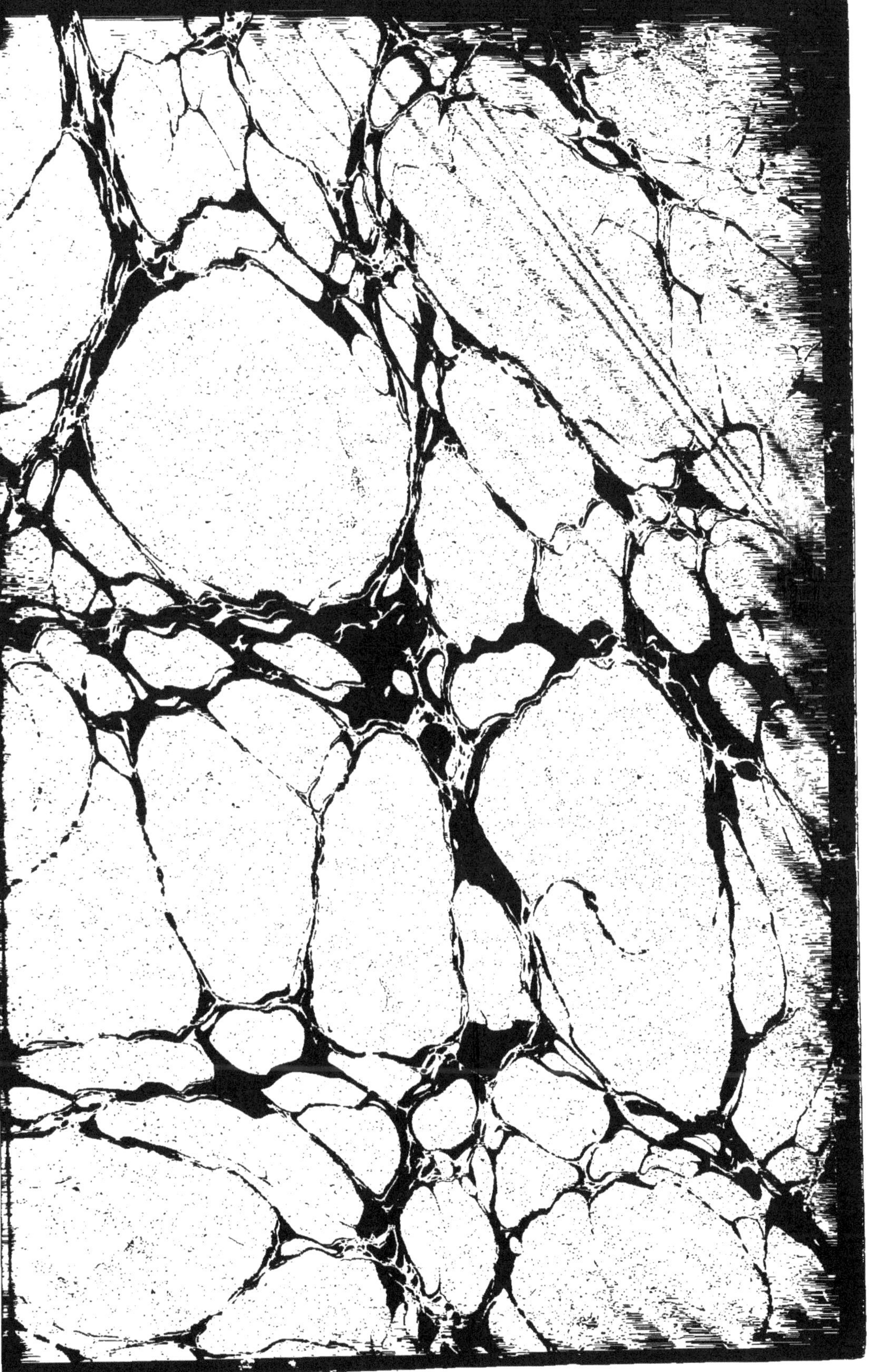

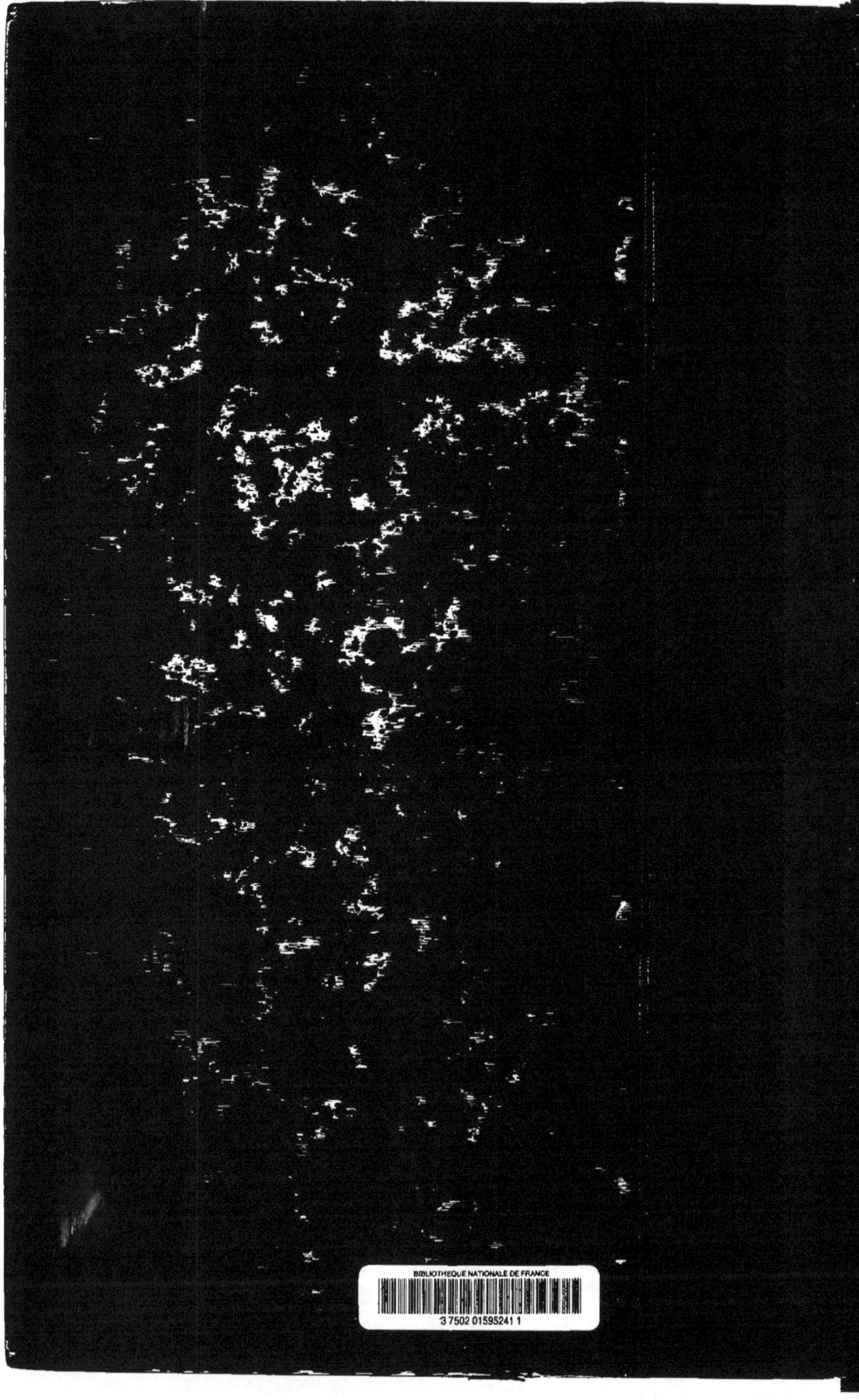